U0448750

行走中的教育

汤勇 著

长江出版传媒
长江文艺出版社

图书在版编目（CIP）数据

行走中的教育 / 汤勇著. -- 武汉：长江文艺出版社，2023.11
（大教育书系）
ISBN 978-7-5702-3327-4

Ⅰ．①行… Ⅱ．①汤… Ⅲ．①中小学教育－教育研究 Ⅳ．①G632.0

中国国家版本馆 CIP 数据核字(2023)第 186165 号

行走中的教育
XINGZOU ZHONG DE JIAOYU

| 责任编辑：秦文苑 | 责任校对：毛季慧 |
| 封面设计：柒拾叁号 | 责任印制：邱 莉　王光兴 |

出版： 长江出版传媒　长江文艺出版社
地址：武汉市雄楚大街 268 号　　邮编：430070
发行：长江文艺出版社
http://www.cjlap.com
印刷：武汉中科兴业印务有限公司

开本：720 毫米×970 毫米　　1/16　　印张：15.375
版次：2023 年 11 月第 1 版　　2023 年 11 月第 1 次印刷
字数：211 千字

定价：49.80 元

版权所有，盗版必究（举报电话：027—87679308　87679310）
（图书出现印装问题，本社负责调换）

自序

行走中相遇教育的美好

读万卷书，行万里路。

一个人，要么读书，要么行走，身体和灵魂必须有一个在路上。

如果说阅读是心灵上的行走，那么行走就是心灵上的写诗。这说明行走与阅读，如鸟之两翼，同等重要、缺一不可。

行走，是一个人保持生命状态最优雅的方式，也是一个人演绎不一样的人生最广阔的舞台。

这些年，我为教育不停地行走，步履坚定，从未懈怠。在播种教育理想的路上，用脚步丈量教育的大地，用眼睛记录教育的风景，用心灵感受教育的温度。

在行走中，遇见了教育的星辰大海、邂逅了教育的山川湖泊，在沿途掠过的教育风光中看到了教育的美好，在跨越时空的教育长河中感受到了教育的磅礴之力、万千气象。

在行走中，相遇了一群心灵相通的人，结交了不少精神长相一样的人。不管是天南地北，还是南腔北调，聊起教育没有地域边界，没有对彼此的设防，都是以教育的名义，掏心掏肺地表达着对教育的赤诚与热爱、诉说着对教育的坚守与情愫，铿锵中总把一句句发自肺腑的话语，印到对方的心坎里。

在行走中，一路见证、一路欣赏、一路采撷，在曼妙的教育风景中释放教育激情，在追逐教育美好的路上碰撞教育智慧，在还不很完美的教育现实中积聚变革力量，在缤纷斑斓的教育场景中收获着自己的成长。

在行走中，踩着时代的旋律、沐浴着温暖的阳光、坐享着和煦的春风，给内心一份宁静、给生命一方净土、给灵魂一种安顿、给人生满满的丰盈。

在行走中，不断地驻足、不断地赞叹、不断地发现，以一个忠实的教育游客身份，把一路的所见所闻、所思所悟、所感所想，都及时收入教育的行囊。

教育行走之路，不可能全程都是阳光与明媚、鲜花与掌声，或者其注定就是一条清苦与艰辛之路。

许多人都笑我痴：这样的年纪、这样的条件，甚至曾经拥有这样的"辉煌"，完全可以"躺平"、完全可以"悠闲自在"，为什么要选择教育行走？

我以为，选择教育行走，就是选择了教育梦想、选择了人生信仰。不管面临多大的困难，我都不会停止行走的脚步。

选择了教育行走，就选择了"教育朝圣"，不管途中有多累多远、多纠结多迷茫，我都会坚持初心，一心向教、一路前行。

选择了教育行走，就选择了无怨无悔，选择了青山在目、以梦为马。不论春去秋来，我都会风雨兼程，做自己的太阳，尽力散发些许光热。

选择了教育行走，就选择了草根之心、大匠之姿，不管酷热寒冬，我都会安于路上，做一个宁静、自由、虔诚的行走者。

选择了教育行走，就选择了良知使命、选择了责任担当，不管有再大的困难、再多的挑战，我都会坚如磐石、笃定不移。"以自身为光，照一隅是一隅；以行动为径，走一程是一程；以布道为己任，影响一个是一个"，已成为融入我生命的铮铮誓言和不朽信念。

人生苦短，人生却是一部大片。自己是主角，更是导演，如何演绎人生故事、如何诠释多彩人生、如何让人生更有意义，完全在于自己的人生定位、在于自己对人生的取舍与把握。

每一天都是独特的存在，每一年都有着无限的期待，每一时刻都可能绽放奇异的光彩，每一回出发都是人生隆重的庆典，每一次教育行走都是扬起远航的风帆。

作家毕淑敏说："一次绝佳的旅行，自然是身体和灵魂高度协调一致，生死相依。好的旅行应该如同呼吸一样自然，旅行的本质是学习，而学习是人类的本能。"

我以为，我的每一次行走，便是"如同呼吸一样自然"的旅行，更是不断学习的旅行。

我曾经说"教育有'毒'"，让自己"中毒"太深，不能自拔。朱永新老师寄语我在教育路上"一直'中'下去，直到岁月远去，慢慢变老"。

我要说，对于教育行走，我也将会一如既往地走下去，直到岁月远去，慢慢变老！

2023年9月8日写于阆苑古城

目录

第一辑 情怀与使命

青年教师应该有自己的气象　3

唯"勤"可抵岁月悠长　8

教师成长应随身携带的七面"镜子"　12

不妨多逼逼自己　17

让专业品格亦开出美丽的花　22

年轻教师更需要自我管理　25

未来的日子拥有健康比什么都重要　32

第二辑 理念与视野

给孩子一个幸福完整的童年　39

"劳动"本身，就是最好的教育　43

课堂，怎样吸引孩子专注而投入　46

一堂课带来的改变　49

让课堂里考试不行的孩子变得也行　52

一所好学校是有温度的　55

家校共育，赋能县中振兴　59

乡村民俗的"饭"与乡村的教育　64

3 第三辑

领导与智慧

魅力校长的九个特质　69

校长应努力练好"走"功　75

不妨做个"懒"校长　79

校长要善于呵护教师热情　82

细节造就完美校长　85

校长应成为时间管理高手　88

4 第四辑

管理与技能

好的机制，就是好的管理　95

学校管理重要的是情绪管理　98

学会把鲜花送给身边的每个人　102

要首先引起别人的渴望　105

把"自己的油田"变成"员工的油田"　108

拿出一点鲜活的"青草"　111

5 第五辑

呼吁与呐喊

别逼老师"佛系"与"躺平"　117
让教案的形式主义远离教育　121
对老师多些宽容和担当　125
靠谁把孩子摆渡到那个人生高地　129
对老师"罚站"与成都教师"弹性上班"　133
不要边缘化了中老年教师　136

6 第六辑

观点与看法

作业"九点熔断机制"的喜与忧　141
不被"名校"遮望眼　144
让校园欺凌不再有　147
不能消解的是假期与春节　150
婴幼儿的负担，也需要"双减"　153
持续巩固"双减"成效　156

第七辑 阅读与思考

与书为伍，同书相伴 163

读书，让教育可以更美好 166

在教育路上遇见更多的美好 171

"醉"是书香能致远 176

阅读，是最好的陪伴 179

不断精进中超越 183

第八辑 行走与发现

难忘华南师大行 189

高县教育拾英 193

又见黔西 199

滕王阁小学，与美好幸福齐飞 201

为了点燃和苏醒每一颗太阳 204

初夏泸州教育行 211

遵道学校，川西平原的一颗明珠 217

教育改变的力量 221

像韦莉那样做校长 225

云南官渡有个阆中籍校长 228

后记 234

第一辑
情怀与使命

青年教师应该有自己的气象

2020年9月5日,在人民教育家于漪教育思想研究中心揭牌仪式上,于漪寄语青年教师:"教育的质量就是人的质量,从事教育的人就要有点气象。在纷繁复杂的形势下,教师要情怀博大、躬身践行。伟大复兴之气在胸中生成,人就会高大起来,脊梁骨就会硬起来。老师身上正气凛然,德才识能全面提高,我们的学生将终身受益。"

青年教师血气方刚、朝气蓬勃,是事业的新鲜血液、是教育的生力军,也是一方教育亮丽的风景线。我以为,青年教师更应有点气象。这气象从哪里来呢?

这气象,来自深邃的教育思想

一个人真正的生命,是一个人的思想。一个有思想的生命,会让我们拥有一个丰富而美好的精神世界,会给我们心灵以温暖的慰藉,会给平淡的日子增添鲜艳而夺目的色泽,会给平常的生活赋予浓郁而美妙的诗意,会给普通的人生烙以明丽而清新的感动。

现在很多青年教师停留于贫瘠与平庸,我以为不是知识上的贫瘠,而是思想上的空洞;不是能力上的平庸,而是思想上的荒芜。

教育思想的贫瘠与荒芜,会让自己过上一种单调乏味的教育生活,没有创新，没有超越，只是年复一年地重复着相同的工作，日复一日地重复着昨天的故事；或者把自己与学生一同捆绑在应试教育的战车上，饱受应试的折磨、分数的折腾；或者不再有自己的见解和主张，不再有自己的思想和灵魂，木讷地执行，一切都是应付了事和对时间的打发。

有思想的青年教师有自己的话语，自己的独特见解，自己的灵魂世界，自己的教育判断。他不会跟风，不会盲从，不会畏缩，不会只盯着枯燥的知识，不会被分数和应试绑架，不会跪着教书。他会立足教育的大地，站在知识的原野，依偎心灵的世界，仰望星空，审视未来，以其坚定的信念，清醒的认知，深厚的情感，站立三尺讲台，守望教育的疆域，把一个个学生带向生命的未来，摆渡到人生的高地。

｜这气象，来自崇高的职业意义

在现实生活中，很多人的生命就是重复"放牛娃"的故事，这样的生命因少了对职业意义的认知，很难有什么"气象"可言。

教师担当传道、授业、解惑的责任，肩负启智、导航、树人、育英的使命，其意义与价值，不仅决定着人的现在，而且最大程度影响着人的未来，更决定着一个国家与民族的发展高度与纵深走向。教师这个职业，宏大而伟岸，神圣而美好。

有了对职业意义的认知，就不会把教师这个职业仅仅当作"稻粱谋"，也不会把教师这个职业仅仅作为生存的依附与载体；而会在教育情怀的拥有与涵养中，将其视为神圣的事业，以实现自己人生价值的志业。

有了对职业意义的认知，面对生活的琐碎、渠道的压力，方方面面的不理解，也就不会迷茫困惑，消极沉沦；而会以昂扬精神、顽强意志，坦然面对，使平凡的教育工作时时刻刻都荡漾着不尽的快乐与激情，闪现出奇妙的教育创意与智慧。

有了对职业意义的认知，面对当下残酷的应试教育现实，就不会随波逐流，加入应试大军，让应试教育愈演愈烈；而会坚守内心，捍卫良知，做有温度的教育，让孩子能自由呼吸，让教育闪耀人性光辉。

这气象，来自心中无边的大爱

爱是教育成功的基础，爱是教育力量的源泉；没有爱，就没有教育。

教师心中有爱，才能以万般柔情，温暖每一颗心灵，滋润每一个心田；教师心中有爱，才能让教育如坐春风，如沐春雨，如披春阳，如奏丝弦；教师心中有爱，才能以极大的工作热忱、虔诚的工作责任心，投身到教育事业中。

因此，青年教师，必须用大爱铸师魂。为什么我的眼里常含泪水？因为我对这土地爱得深沉。为什么青年教师颇具气象，是因为青年教师心中有大爱。

爱国家。有国才有家，国家是我们共同的家，青年教师理应是爱国主义者。爱国家，是青年教师最大的担当。青年教师只有爱国家，才能培养出热爱祖国的合格建设者和接班人。

爱孩子。具有孩子的视角和立场，一切为了孩子，为了孩子的一切，为了一切孩子；理解孩子，喜欢孩子，信任孩子，欣赏孩子；允许差异，提供可能，尊重个性，包容内失，接纳孩子的"慢"。

爱教育。用情怀写春秋，用热爱谱华章，用责任担使命，用良知唤良知，用全身心投入诠释教育。

爱自己。涵养志趣爱好，多一些生活中的"梨花一瞬"；扮演好不同角色，让爱在身边以及亲朋好友中"飞"；善待自己，珍重生命，呵护健康。病了，学会休息。困了，好好调节。累了，懂得放松。休憩之后的奔流更有力量，调整之后的步伐更为坚实。

这气象，来自自身的不断成长

说到成长，我想到了另两个词：长大，变老。

这个世界上最容易的事情，就是长大与变老。只要时间不停，孩子们就会一天天长大；像我们这样的年龄，就会一天天变老。

长大不是成长，变老也不等于成长，长大与身体有关，变老与岁月相连。唯成长是心灵与精神的昂扬向上，是生命最美好的状态。

成长，是一个人人生的常态。可以这样说，一个人这一生，只有一条路不能拒绝，那就是我们每一个人的不断成长之路。

成长，对于青年教师，尤为重要。青年教师要成长，必须做到"六个不停"。

不停地阅读。阅读是教师最好的备课、最好的学习、最好的修炼、最好的成长，也是最好的教师自己培养自己的一种方式。

不停地反思。吾日三省吾身，我思故我在。人因思考而伟大，青年教师因反思而走向卓越。青年教师坚持对每堂课进行反思，对每天的工作进行反思，对自己所言所行进行反思，这对成长大有裨益。不停地反思，无异于是青年教师成长的"助推器"和"成长素"。

不停地行走。有人说，要么旅行，要么读书，身体和灵魂，必须有一个在路上。这说明，行走与读书同等重要。教师职业尽管时间受限，但有相对较长的寒暑假，青年教师要尽量多行走。在行走中，感受祖国大好河山，开阔眼界视野，调节梳理情绪，远离教师职业倦怠。

不停地实践。实践出真知，实践出智慧。一个卓越的教师不是要出来的，而是用自己的行动实践出来的。认真上好每堂课，认真批改好每份作业，认真辅导好每个学生，认真做好每次家访，认真组织好每次班级活动，认真做好教育教学每一件日常工作，这都是青年教师生动而珍贵的实践。青年教师的成长，必须植根于实践的土壤。

不停地研究。青年教师不停地实践，认真地做好每件事，固然重要；但是不能成天忙忙碌碌，完全陷入具体的事务中。要学会从被动的忙碌中解脱，转向主动的研究。在研究中，探寻教育规律，挖掘教育意义，解决教育的"疑难杂症"。

不停地写作。写作借助文字向下深潜、向中延绵、向上飞扬，会让人们收获人生中接连不断的成长礼物。可以说，写作是教师成长的不二法门。青年教师应该坚持写作，以写作促进阅读，引领反思，带动实践，倒逼研究；以写作助推专业成长，赋能教育人生。

青年教师若做到了这几点，便会春和景明，气象万千！

唯"勤"可抵岁月悠长

新学年,总想对老师们说点什么。

思来想去,想到"勤勤恳恳""勤能补拙""业精于勤""勤学苦练""天才出于勤奋""人生在勤,不索何获""一勤天下无难事"等语句,便觉有必要聊聊"勤"。

"勤",就是要珍惜时间,勤于学习,勤于思考,勤于探索。古今凡有建树者,无不成功于勤。

教师的"勤",我认为主要体现在三个方面。

一要勤耕课堂

课堂是老师的道场、生命场、精神场。作为一名老师,他的职业幸福在课堂,最高尊严在课堂,人生的意义与价值取向仍在课堂。

课堂之于教师,就如同土地之于农民,车间之于工人,战场之于士兵,实验室之于科学家。

每一堂课,都是孩子生命苍穹的一颗星,星星辉映,照亮孩子的漫漫前程;都是教师教育天地中的一个点,点点相连,便铸就了教师平凡而温暖的人生轨迹。

因此,教师应该深耕于自己的课堂,虔诚于自己的课堂,匠心于自己的课堂，用整个身心去守护自己的课堂。教师应当精心设计好每一堂课，用心架构好每一堂课，认真上好每一堂课，把每一堂课当成公开课、示范课、参赛课那样去投入和准备，让孩子因每一堂课的精彩而出彩。

教师还应打开自己的思维，迸发自己的激情，唤醒自己的潜能，点燃自己的智慧，抛却喧嚣，倾情诠释，全然进入课堂的每一个瞬间，使自己的人生因课堂教学的精耕细作而绚丽多姿。

"流过血汗的土地是一片宝藏"，付出心血的课堂更是孩子生命成长的沃土，一朵朵花蕾将在这里，在一个叫课堂的地方，绽放成美丽的春天。

二要勤练内功

教师要在课堂上驾轻就熟、游刃有余，要使自己不仅仅成为教书匠，而要成为明师、人师，成为幸福满满、让学生留恋崇拜的教师，就必须用好碎片化时间，孜孜以求，修炼内功。

生命不息，学习不止。学习是终身的事，学习永远没有毕业，学习是最好的成长。冰箱为食物保鲜，学习为人生增值。

在阅读中学习。腹有诗书气自华，最是书香能致远。一个人的底蕴是靠书堆起来的，一个人的精神长相是靠书籍撑起来的，一个人的万千气象是靠阅读塑造的。皓月清凉，阅读乃人间理想；星河滚烫，阅读人自带万丈光芒。

教师是教书人，更是读书人。教师要案头有书，手中有书，视线所及皆是书，一定要多读书，坚持读书，以阅读不断夯实专业能力，提升综合素养，以读书人的心态享幸福教育人生，以读书人的优雅过从容而有滋有味的教育生活。

在反思中学习。"反思三年成名师"，名师都是反思出来的。成长＝经验＋反思。我思故我在，我反思故我更在。只顾拉车不看路，永远都是在原地踏步。只知道上课教知识而不善于反思，将永远没有进步。

未来的老师绝不是仅仅凭着经验去教的教师，而一定是专业型老师。专业型老师一定有对自己的经验进行反思的习惯与能力，一定会在反思的基础上去不断提高自己。

因此，在每一个当下，教师一定要抽空反思自己的教学得失，成功也好，失败也罢，都必须想想，怎样才可以避免失误，怎样改进提高，怎样才能做得更好。

在研究中学习。身边的琐碎都是教育现象，每一个教育现象都值得琢磨和探讨。教师置身研究现场，要具有研究思维，直面研究课题，直击教育要义，直指教育本真。

在写作中学习。写作开启真正的阅读，写作进入有效的反思，写作为研究插上翅膀，写作让我心飞翔。教师最好坚持天天写教育随笔、教育叙事、教育反思，最好能进入"我手写我心""别人在闲聊中，我的文字便已出炉"的状态。

三要勤勉工作

黎巴嫩文学大师纪伯伦说过，工作是看得见的爱，通过工作来爱生命，你就领悟了生命的奥秘。

教师勤于工作，首先要热爱自己的工作。热爱不仅是靠嘴巴说说而已，最重要的就是潜心教书，安心育人，把敬业当成习惯，把精业进行到底，把乐业作为价值诠释演绎。

教师勤于工作，其次要投入自己的工作。投入的不是你的金，不是你的银，而是你的心。国家把神圣的使命、传道授业解惑的崇高职责赋予教师，教师就应该全身心投入工作，投入其中，乐在其里，兴在其味，志在其趣，兢兢业业，勤勤恳恳，达到忘我的境界。

教师勤于工作，再次要用心做好自己的工作。工作无小事，事事见真心。

教师要倾其所有，竭尽全力，把简单的工作做得不简单，把普通的工作做得不普通，把平凡的工作做得不平凡，把手头每一件工作都做得趋于完美。

教师勤于工作，同时还要敢于超越自己的工作。超越就是一种挑战，一种跨越，一种突破，是工作的最高境界。

超越自己的工作，必须敢于想他人之所未想，谋他人之所未谋，做他人之所未做；敢于无中生有，平中添奇，同中求异，化腐朽为神奇；敢于开疆拓土，借智借力，富有创造性地发挥；敢于化危为安，化危机为转机，化险机为契机。

超越自己的工作，更重要的是超越自我，让自己变得不可替代，让自己日益走向卓越而幸福。

守静而生，向美而为，携"勤"上路，秉"勤"而行。让我们用"勤"作底料，用爱作主料，用一腔激情作辅料，熬出教育以及教育人生的美好！

教师成长应随身携带的七面"镜子"

教师成长是一个永恒的话题,它既关乎孩子的成长,又关乎教师的职业生涯。教师怎样才能更好、更快、更远地成长,我以为,随身携带的这七面"镜子",至关重要。

第一面镜子:平面镜

我们日常生活中使用的镜子,就是平面镜。人们都喜欢照镜子,"以铜为镜,可以正衣冠;以史为镜,可以知兴替;以人为镜,可以明得失",这是唐太宗的"三面镜子"。

作为教师,要有照镜子的意识,应在照镜子中认清自己。"不识庐山真面目,只缘身在此山中"——人难就难在认识自己。

不断地照镜子,才有可能把自己弄个明明白白,看个真真切切。正确定位自己,正确评价自己,也能随时修订自己的目标,随时纠偏自己的行为,保持良好师德。

学高为师,身正为范。这是做一个受学生喜欢、家长爱戴、社会认可的老师最基本的素养和前提。

第二面镜子：显微镜

每个孩子都是不可复制的孤本，都有他的优点，就是那些再差劲、再坏的孩子，也有他的闪光点。比如说，有的孩子虽成绩差，但劳动积极；有的孩子虽调皮，但特别义气，重情义；有的孩子不擅长考试，但力气大，会摔跤，喜欢运动。

作为老师，对这些孩子就不能一棍子打死，而应该拿起显微镜，善于发现他们的个性和优点。尊重他们的个性，做个性化教育，认可并欣赏他们的优点。每个人都渴望被认可和被欣赏，当老师用认可和欣赏的眼光去看孩子的时候，也许他就会在你面前开出最美的花儿。

不仅如此，老师还要用显微镜发现学生的细微变化，对一些细微苗头，及时发现，及时疏导，防微杜渐；对孩子成长中的点滴进步，及时肯定，及时表扬，给孩子一路洒满阳光与希望。

作为老师，还要敢于用显微镜对焦自己，发现自己的不足，寻找工作上的问题，及时改进，迎头赶上。

第三面镜子：放大镜

对于"问题学生"，老师们用显微镜发现了他们的优点和闪光点之后，仅仅给予认可和欣赏还不行，有可能还没达到转化效果，这个时候还要拿起放大镜，把他们的优点和闪光点，进行放大，以此激发他们的内在动力，帮助他们扬起自信的风帆，使他们都能感到"我重要""我能行""我会成功""我也是独一无二的"。

对于教师自己，也应找到自己的特长、爱好，也就是生命中最出色的那个点，进行放大打磨，反复锤炼，精心雕琢，让其璀璨夺目，形成自己的风格和品牌。

第四面镜子：凹面镜

凹面镜的工作原理是把来自各处的平行光线经反射汇聚到镜面前的焦点上，经反射后汇聚到一点的光很强、温度很高。古人以铜镜取火，便是利用凹面镜的原理。

教育中的诸多现象和问题层出不穷，对其的认知与看法林林总总，学生的各种表现形形色色。一切看似毫无关联，没有交集，永远处在不相交的平行线上，但如果教师拥有一面凹面镜，利用其聚焦功能，将这些来自各处的、看似平行的"光线"——各种零散的信息——经凹面镜的反射，聚焦到一点，由个性达成共性，由现象究其本质，从而摸索出必然性的内在联系，形成规律性的认知。

当教师拥有了这样的一面凹面镜，实际上就是拥有了反思能力、研究能力，而这两种能力正是教师专业成长的重要能力，也是一个普通教师成为卓越教师、名师必不可少的法宝。

第五面镜子：哈哈镜

哈哈镜的镜面被故意做成各种曲面形状，人站在哈哈镜前，其影像夸张扭曲变形。人们看到自己的模样十分滑稽，往往会忍俊不禁，捧腹大笑。

尽管我们说教师职业是幸福的职业，但是这个职业责任重、压力大，往往既辛苦，还充斥着很多辛酸。特别是面对"双减"，教师工作时限被延长，打破了教师正常的生活节奏，给教师更添了不少烦扰。在这个时候，老师就应该学会用哈哈镜，给自己一个灿烂的微笑，让自己以良好的情绪应对纷繁的工作，以乐观的心态面对一个个活泼可爱的孩子，以积极的人生态度去过一种有滋有味的教育生活。

如果我们的教师能随时携带这七面"镜子",并根据需要灵活运用,适时使用,我们的教师就可以从容而自信地行走于自我成长的路上。

第六面镜子:望远镜

"欲穷千里目,更上一层楼。"当老师有了望远镜,就能登高望远,极目远眺,一方面,老师能够站在最高处观察教育,站在最前沿思考教育,勇立时代潮头谋划教育,做到跳出教育看教育,跳出教育做教育。另一方面也能够拓宽自己的教育视野,开阔自己的教育眼界,提升自己的教育境界,不至于一叶障目,见树不见林,更不会自我陶醉,孤芳自赏。

同时望远镜还能够让老师胸怀远方,着眼未来,有一种"未来思维""未来眼光""未来视角",为未来而教而学,做面向未来的教育,给孩子们一生有用的东西,为孩子们的一生负责,为孩子们的终身幸福奠基,而不是目光短浅,仅仅为了教育的功利,局限于分数,让教育窄化、异化,让孩子有可能赢在眼前,输在未来。

第七面镜子:后视镜

一个人既要盯住前方,又要善于回望过往。作为教师,既要"向前看",拥有诗和远方,又要运用后视镜,观察已经走过的路,即曾经发生的一切教育教学行为。"后视镜"所看到的是过去的一切在当下真实的投影。不断反思,方有不断地进步。吾日三省吾身,是最美好的品德。"后视镜"是通过对过往的梳理与回顾,对过去的过滤与反思,体现了一种积极的人生态度,它能帮助我们更好地审视自己,认识自己,检查自己,让自己始终葆有一份冷静与清醒。

在这样一个快节奏的时代，很多人只知道匆匆上路，一路狂追猛奔，却忽视了"回头看"。这个时候，看看"后视镜"，检视来路，是一种及时的放松，更保证了"前行"的安全。

不妨多逼逼自己

教师是一个美好的职业,也是一个容易让人倦怠的职业。

说它美好,是因为这个职业能够在自己的天地里单纯地做事,创造性地做事,做自己喜欢的事,做能实现自己人生意义和人生价值的事。

说它容易让人倦怠,是因为这个职业让老师长期封闭在狭小的空间里,差不多与外界隔绝,成天面对一群叽叽喳喳的孩子,干着单调重复的工作。

特别是一些老师习惯于按部就班,被动工作,自己像一个镶嵌进学校这台运转机器中的零件,时间、身体乃至心灵完全被学校这台机器定义,把富有情趣与创造性的工作异化成了机械乏味的体力活儿,以至于安于现状,不思进取,停止成长,长久地陷入麻木、散漫状态。这不职业倦怠,才怪!

其实,教师职业倦怠的产生,往往不是因为上述原因而是因为放弃自己,而其职业倦怠便是从放弃自己的那一刻开始的。

要远离职业倦怠,老师应该时常"逼逼"自己,不断迸发自己的内在活力,不断挖掘自己的无限潜能,让自己在走出舒适区的同时成长,让自己在感受到每一个教育日子都是值得期待的同时幸福。

要多逼逼自己,对时间就要多"挤"一点

人生的管理,就是时间的管理。人生的作为,就是时间的作为。

作为一名老师，平时在学校不仅要忙于备课、上课、作业批改、班级管理等教学事务，而且要应付学校各类繁杂事项，工作之余还要料理众多的家庭琐事，很难有时间再做自己想做的事。这个时候，就要善于利用业余时间，善于"挤"时间。

哈佛大学有一个著名理论，认为人的差别在于业余时间。著名企业家王永庆曾说："一个人的命运，决定于晚上 8 点之后这段时间的利用。"美国作家卡尔·纽波特在《深度工作》中也提到这样的观点："一个人区别于他人的地方，主要看他 8 小时以外的时间在做什么。"

一位教师能否成为名师，能否成长为专家型教师，关键看他的业余时间是怎样利用的。

时间就像海绵里的水一样，去"挤"总会有的。尽量"挤"一些时间阅读、思考、写作和发展个人爱好等，既会成长自己，又会让生命更充实，让每个时光变得丰盈而有意义，更重要的是会让自己始终保持火一样的热情，澎湃着一种昂扬向上的激情。

| "要多逼逼自己"，对自己就要多"狠"一点

人都有惰性，也有想偷懒的时候，甚至还有想应付、得过且过的时候，如果就此让惰性滋生，让偷懒习以为常，让苟且成为常态，人生就开启了碌碌无为、当一天和尚撞一天钟的模式了，疯狂而又恣意生长的职业倦怠，就会像恶魔一样死死地缠绕着你。

这个时候不妨对自己"狠"一点，给自己明确一些需要跳一跳才能够得着的目标，比如自己一年上几堂示范课、发表几篇文章，几年之后完成课题、出版专著，多少年之后成为名师、特级教师。同时自己给自己下达富有挑战性的任务，比如主动接手"乱班"，主动承担分外工作，主动参加演讲比赛，主动加入公益组织，等等。

记得我在担任教育局局长时，曾经在第一次大会上郑重承诺每年推出一本书，我说这不是为了名利，而是在对校长、老师示范引领的同时，倒逼自己不停地阅读、不停地思考、不停地研究、不停地写作，以此不断提升自己、成长自己。在教育局局长任上的十多年时间，我做到了、兑现了自己的诺言。

2017年卸任教育局局长后，我没有让自己进入舒适区，更是对自己"狠上"加"狠"。除了不停地行走，用脚步丈量教育，用步履书写人生，同样坚持一年出版一本书，刚刚过去的2022年还推出了两本。今年（2023年）在外面行走的时间会增多，有可能影响到今年书籍的出版，于是利用春节前后这段时间，又整理完成了今年的新书稿。

谁不想玩和耍呢？对自己"狠"一点，在那里闭门不出，冥思苦想，绞尽脑汁，肯定不好受，当然会经受煎熬，自然会付出很多的心血，但是回过头来，看到自己的文字变成铅字，看到自己作品的问世，看到自己一路走来留下的稳健、从容、充盈的足迹，享受着那种只有自己才能够理解的曼妙与美好、快乐和幸福，那是何等欣慰与惬意啊，那也真是想倦怠都倦怠不了啦！

"要多逼逼自己"，对方向就要多"明"一点

人与人不同，花有各样红。同为老师，同在教书育人，但是每个人的发展方向是不一样的，兴趣特长也是不相同的。

你的发展方向是什么？是教学还是管理？是学科教学还是班主任工作？是教学管理还是后勤管理？是中层岗位还是校长岗位？比如学科教学，是擅长语文学科，还是数学学科？是熟悉常规学科，还是艺体学科？即使是同一学科，也有一个方向问题，比如语文学科，是精于写作教学还是阅读教学？

你的兴趣特长是什么？是喜欢阅读还是喜欢写作？是喜欢绘画还是喜欢书法？是喜欢音乐还是喜欢运动？是喜欢下棋还是喜欢垂钓？是喜欢纵情于书海还是喜欢醉情于山水？

如果想要成为一个有专业、有特点、有特长的教师，这些方面是必须琢磨与掂量的。通过琢磨与掂量，研究自我，"选定一把椅子"，也就是找到自己的发展方向，找到属于自己的东西，找到生命中最亮的那个点，然后集中精力专攻这点，把这点擦得闪闪发亮，走出一条个性化发展之路，让自己在某个方面独树一帜。

|"要多逼逼自己"，对目标就要多"专注"一点

这个世界上每个人都在做事，但专注做事的太少。专注作为成事的品质，走向成功的力量，需要每个人用一生的信念去坚持。

我以为，再小的事、再不起眼的事，只要一如既往地专注下去，完全可以创造奇迹。电影《师父》里有一句台词："十五岁开始，每日挥刀五百下，这个数管住了我，不会胡思乱想。"如果我们每日也把手臂挥五百下，一直专注下去，相信我们不仅有定力，"不会胡思乱想"，而且还会让我们有坚强的意志和毅力。

罗振宇的跨年演讲说，他坚持了十年每日发 60 秒语音，有时候也会为不知道发什么而痛苦，也会因为时间对不上而反复录，最多的一次反复录了 50 多次。但罗振宇长此以往地坚持了下来，正如他所说："很多痛苦，痛苦着痛苦着，你就习惯了。"对此，我特别有共鸣。这些年我专注于写一些文字，用文字把每天对教育的所听、所见、所闻、所感、所悟记录下来，十几年如一日，为此养成了写作习惯，收获了系列著述，体验到了写作的乐趣和成就感，也安定了内心，极大地消解了这些年生活中的不确定性。

卓越教师和平庸教师的区别就在于是否专注，是享受职业幸福还是苦恼于职业倦怠，其分水岭也在于是否专注。因此，一个教师在明确了自己的方向、找准了自己的志趣、确立了自己的目标之后，就应该坚持下来，无论外界怎样干扰，社会怎样喧嚣浮躁，都要咬定青山不放松，不达目的不罢休。我相信，

随着岁月的推移、时间的累积，你所专注的都会为你带来改变，你的卓越终将展现，你将变得不可替代，成为更好的自己。

　　老师多逼逼自己，便是带薪修炼自己，也是成长自己！

让专业品格亦开出美丽的花

我们主张教师专业成长，也鼓励教师专业成长，但是对于教师的专业成长，我们往往仅仅看重的是教师的专业理论、专业能力、专业水平等方面的成长，而对于教师专业品格的成长，则常常忽略了。

固然，教师的专业理论、专业能力、专业水平是教师专业素养中重要的组成部分，是教师传道、授业、解惑的"硬实力"，也是教师教书育人的"铁功夫"，但是教师的专业品格，却是教师的精神所在，是教师的生命所在，是教师的魅力所在，更是教育的教育价值、动力价值、职业价值、幸福价值所在。

教师不仅要传授知识、解答疑难，更要引导人、影响人、启迪人、教化人、塑造人。教师是一种对个人品格和职业道德要求极高的职业，是一种对未来社会影响最大的职业，是一种对孩子影响一生的职业。教师的专业品格不仅关乎着教师自己，而且关乎着孩子——关乎着孩子的健康成长，关乎着孩子会成为什么样的人。

我们经常说教师的言传身教，说教师的榜样示范，说教师的学高为师、身正为范，这些都聚焦的是教师的专业品格。

教师的专业品格，也就是教师的人格，它是无声的号令，无言的行动，无形的名片，也是飘扬的大旗，矗立的标杆，高耸的丰碑。

具有专业品格的教师，其本身就是一部厚重的教科书，学生耳濡目染，将从中获得无穷的力量和不尽的感召。教师的专业品格魅力无时无刻不在影响着学生的为人处世、意志情操、价值取向，其人格品质不仅决定了教师自身的行为品质，也决定了他对学生的影响。

一个个性古怪、不善于与他人合作的科学家，或许得不到同行的尊敬，也许会招来一些非议，但这对他的科学研究和科学成果，可能影响不大，而一名教师每天要面对他的学生，他的品格将直接影响到他的学生。

试想，一位教师在课堂上讲道德讲得头头是道，可自己却没做到；要求学生如何做人、怎样做事，可他自己却我行我素，为所欲为；要求学生刻苦学习，多读书，可自己却从不阅读，放松学习；要求学生与人为善，有同情心，可老师自己却冷漠无情……很难想象，这样的教师对学生会产生什么样的影响。

如果一个教师没有良好的专业品格，不能以自己的诚信、正直、无私、善良、博爱、热情、执着、专注等优秀的品格去影响孩子，就不要寄希望于这样的教师能够培养出品学兼优的孩子。我以为，教师的专业品格成长，是教师迸发教育力量的巨大源泉。

这个社会很浮躁、喧嚣，充满着诱惑，而教师的职业却注定很清苦。如果教师没有崇高的专业品格，没有专业品格所奠定的坚定的信念，就会迷失在浮躁与喧嚣的丛林中，困顿在职业的清贫与清苦上，最终远离初心，荒芜职业。

如果教师有了专业品格，就会远离浮躁，远离喧嚣，远离功利，就会把教育作为生活的一种方式，生命的一种状态，生存的一种需要；把手头的工作，作为一种神圣的使命，一种崇高的事业，一种实现自己人生价值的志业和融入生命中的命业；就会把自身变成教育的目的地，把单纯知识传授变成一场精神的盛宴，把单调乏味的教育生活演绎成一种童话般的精彩；就会用整个身心去拥抱教育生活，用自己的行动和劳动成果，去体现职业的价值，彰显职业的尊严，书写职业的传奇。可以这样说，教师专业品格的成长，是教师坚定职业信仰的核心支撑。

面对乱象丛生的教育现状，面对沉重的升学压力，面对超负荷的工作……如果教师有了崇高的专业品格，就会多些理性，多些判断，多些职业良知与良心，多些对职业的诠释与坚守，多些对职业的热爱与投入，就会在敬业乐业中收获更多的美好与感动，在与孩子的一起成长中享受丰盈与充实，在物欲横流的现实中体验淡泊与宁静，在自我价值的实现中感受到教师职业的快乐与幸福。

如果一个教师只在专业理论、专业能力、专业水平方面有所提升，而没有良好的专业品格，就犹如一个人有才而无德一样，这是很危险的。这样的教师，在专业成长以及教育的路上是绝对走不了多远的，甚至是不能为师的。

教师的专业理论、专业能力、专业水平的提升，从某种程度上来说，也许是相对容易的，相较而言，教师的专业品格的改变与提升，却不是一件容易的事情，因为品格的形成受多种因素的影响并且需要靠多年沉淀。

尽管如此，我们更应用心修炼自己的品格。对身边的优秀教师，我们要多观察、多学习，对他们所展示的人格魅力，我们要多感悟、体验、吸纳；对自己的人格特点，要积极反思，勇于解剖，对照检查，三省吾身，不断完善，不断修炼，不断提升。

雪莱说过，品格可能在重大的时刻表现出来，但它却是在无关紧要的时刻形成。一位老师，一旦让自己的专业品格开出美丽的花，其芬芳馥郁的花香，将会如春雨一般滋润教育的天地，浸润孩子的心田！

年轻教师更需要自我管理

提起这个话题,便想到了一则笑话:

有一头驴,成天站着不拉车。主人拿饲料把它喂得饱饱的,它不动。主人找来马拉车示范给它看,它仍不动。主人又牵来牛拉车给以激励,驴还是纹丝不动。主人气极,举起鞭子狠狠地抽下,驴拉着车一下便飞快地跑了起来。主人问它刚才为何不动,驴回答说:"你还没有把鞭子挥下。"

现实中也不乏驴一样的人,他们做事情、干工作往往拖拉磨蹭,消极懈怠,缺乏主动,不思进取,不是"少年自有凌云志""不用扬鞭自奋蹄",而是要在外力的强迫与驱动下一推一动,行为的动力差不多来自胡萝卜与大棒。

这其实涉及自我管理的问题。所谓的自我管理,就是善于对自身内在的因素,诸如情绪、情感、思想观念、意识形态、工作作风等进行合理地调度、调节,使之达到最好的状态。一个人善于自我管理,就能极大地激发自我的工作激情和工作的主动性与创造性,提高工作效率,远离职业倦怠,永远使自己身心愉悦地工作、学习和生活,从而最大限度获得职业的成就感、满足感和幸福感。

一个人有无自我管理能力,决定着他事业的格局与发展、人生的价值与意义。著名管理学家彼得·杜拉克指出："有伟大成就的人，向来善于自我管理。"

教师的职业身份，决定了他在学校所扮演的角色，既是被管理者，又是管理者。无论是接受学校的管理，还是去管理学生，这两者都是作用于外部，而事实上教师更需要的是自我管理。

学校教育不仅仅是传授文化知识，还要教会学生做人；教师不仅要用学识教人，还要用自己的行为与人格育人。在学生眼里，老师就是楷模，就是典范，就是标杆。老师，作为学生成长的启蒙者，为人师表，其一言一行皆对学生影响深远。

传说达摩面壁九年，结果他的影子留在了墙壁上。教师的品行与风范是什么样，同样会在学生心里留下什么样的影子。

有这样一则故事，说的是一位女士养了一只美丽高贵的鹦鹉，鹦鹉经常咳嗽，女主人便带它去看医生，检查结果却显示这只鹦鹉完全健康。后来医生发现，女主人有抽烟的习惯，常常咳嗽不止，所谓"鹦鹉学舌"，鹦鹉只是把女主人的咳嗽声模仿了出来而已。鹦鹉都能在耳濡目染、潜移默化中模仿出主人的声音和行为，更何况是我们的学生呢？

"打铁还需自身硬""榜样的力量是无穷的"，教师的言传身教，率先垂范，不仅关系着师德问题，也不仅关系着传授知识的问题，更关系着教育好学生，教会学生做人的问题。为此，教师的自我管理就显得既重要又必要。

也许一说到自我管理，一些教师会说，我们都是教书育人的人，难道连自己都不会管理吗？我们都是管理别人的人，我们还需要自我管理吗？

我要说的是，每一个人都需要自我管理，教师更不例外。当然，很多老师，特别是不少年轻老师，也许还真不一定会自我管理。

那么，教师——特别是年轻教师——该怎样进行自我管理呢？

第一，要善于认清自己

有人说，人生最可怕的敌人就是自己。因为对于一个人来说，认识别人很容易，认清自己最难。

人贵有自知之明。作为教师，应保持清醒的头脑，充分了解自己，自己把自己弄个明明白白，看个清清楚楚，知道自己的所长所短，所喜所恶，并准确定位自己，适时校正自己。

人不能自卑，不能自傲，但要自信。自信，也不能盲目自信、过于自信。不能把自己估计得过高，看得太重，否则就容易被外界的东西左右，而最终迷失自我。

特别是作为教师这样一个特殊的职业，更需要我们的年轻教师去不断地审视和认识自我。思考自己为什么选择这个职业？自己的爱好特长是什么？自己有什么样的理想梦想？自己对教师这个职业是一个什么态度？自己对教育有什么主张？自己有什么样的教育价值取向？自己对身边的教育现象有什么看法？自己对学生有没有情感？自己对自己的教育教学满意吗？自己还有哪些不足和短板？自己准备从哪些方面提升自己？……

诸如此类，可能好多年轻教师从来都没有认真思考过，这些问题如果不去系统梳理，不去连续追问，不去反复考量，只是懵懵懂懂过日子，实际上就会很难认清自我，不知道自己想要什么，想做什么，能做什么，怎么去做，最终将很难进步，也很难走向成功。

第二，要学会提升自己

人生在于成长，成长是生命美好的状态，也是持续的动能，永恒的风采。成长胜于一切，成长永远比成功重要。提升自己，就是不断成长自己，让自己永远处于一种朝气蓬勃与滋滋拔节的状态中，一种人生只争朝夕与昂扬向上的状态中。

提升自己，一方面要锚定目标。凡事预则立，不预则废。人生不可无目标，目标是前行的方向，是进取的信心，是奋斗的力量。宾尼说："一个心中有目标的普通职员，会成为创造历史的人；一个心中没有目标的人，只能是一个平凡的职员。"康德也说："没有目标而生活，恰如没有罗盘而航行。"

年轻教师应该设立人生目标，将职业规划纳入可控范围内，让自己迈出的每一步，都是向目标的靠近与抵达。

比如，让自己在什么时候达到什么样的教学成绩，在几年内发表论文，在哪个年龄段出版自己的专著，在哪个时间参加哪一级别的公开课，用多长时间让自己成为名师……

有了目标，然后心无旁骛，执着坚守，化整为零，各个击破，与目标同行。这些目标，在所有的付出与坚持之后，终将成为一个个美好的现实。

另一方面要潜心学习。学海无涯，学无止境，学习是一生的事，也是最幸福的事，学习永远没有毕业。这个世界上，人们总想尽办法使自己青春常在，延年益寿，其实保持状态最有效的办法不是你吃了什么，补了什么，而是永不停息地学习。

因此，年轻教师应该把学习作为生活的必需，生存的前提，生命的状态，不断学习，在学习中内外兼修，在学习中浸润心灵，在学习中提升教育素养，在学习中升华人生境界。

学习能让人心静，心静而后心定，心定而后心止，因而年轻教师的学习不仅仅是对自己的提升，而且是更行之有效的自我管理。

同时，要认真实践。实践出真知，实践出智慧，学习也是为了实践。无论我们看多少场冠军赛也不可能成为冠军，无论读多少本如何当冠军的书，不行动也无济于事，无论用了多少工夫学习，如若不在教育教学中运用，那都是死读书、读死书。只有践行，知行合一，才能将所学习的知识内化、固化，并转化，也才能将书本知识演绎成一个个鲜活的教育事实，一个个成功的教育案例。

第三，要能够管控自己

有这样一则故事，元朝时许衡曾在盛夏时途经河阳。由于路途遥远天气炎热，十分口渴，大家看到路边的梨树，疯狂地抢摘抢吃，只有许衡没有去摘。当人们问他为什么不去摘时，他说："摘别人的果子，要经别人的允许。"有人嘲笑道："这年头时局动乱，果园主人可能早已远走他乡，哪有什么主人？"许衡却说："果园主人虽走了，我心中的主人没有走啊！我心中的主人随时都在监管着我，我怎么能越规越矩呢！做人，要学会管控自己！"

首先，要管控好自己的言行。当今时代，到处都充满着喧嚣、浮躁与诱惑，作为年轻教师更应该时时刻刻不放松对自己的要求，时时处处保持对自己的高度克制，坚守呵护内心的宁静，捍卫住做人的底线。

面对复杂的教育环境，面对工作和生活压力，面对功利、焦虑、金钱、利欲，年轻教师该如何管控自己，是积极面对，泰然处之，还是随波逐流，人云亦云，这完全取决于年轻教师自己的把控。

其实，我们每个人对自己的一切有比想象中更多的自主权，一个人就好比一位千军统帅，主宰着身体内的各路大军，通过自我控制，完全可以阻止那些不健康的东西在自己思想和行为上占上风，完全可以去战胜、消灭那些不受欢迎的敌人。

遗憾的是，现实中一些年轻教师不能管控自己，致使一些缺点、惰性得到了滋长，以至于干出一些有辱师德、有违职业道德的事，既断送了自己的前程，又败坏了教师队伍形象，确实令人痛心、愤慨。

其次，要管控好自己的时间。时间对于每个人都是公平的，同样一天二十四个小时，谁也多不了一分，谁也少不了一秒。有的人时间利用得好，工作效率高，而且能兼顾好工作、学习和生活，统筹好事情的轻重缓急，工作有条不紊，井然有序；有的人却成天忙忙碌碌，忙得不可开交，晕头转向，效率低下，而且经常手忙脚乱，顾此失彼。

这实际上涉及时间管理的艺术，时间管理的艺术，也就是人生管理的艺术，它是自我管理的基础。

对于时间的管理，一是要力戒拖延。拖延是时间的天敌。中国社科院的一项调查显示，中国有 86% 的职场人都患有拖延症。

年轻教师生龙活虎，生机勃勃，应该远离拖沓，养成干净利落、雷厉风行、立说立行的习惯。可以试着每天早起 10 分钟，让出门不再匆忙，每天更加精神抖擞，人生必然丰盈充实。

二是要建立日程表。把事情分成重要且紧急，重要不紧急，紧急不重要，不重要不紧急四类，而且将每天的事情统计起来建立日程安排表，坚持用主要的精力做重要的事情，而不是把时间用在那些紧急而不重要的事情上。同时坚持睡前复盘反思，查漏补缺，做好第二天的日程表。

三是要用好碎片化时间和业余时间。一个人的差异，往往在于对碎片化时间和业余时间利用的差异上。年轻教师应见缝插针，发扬挤时间的精神，把碎片化时间和业余时间充分利用起来，用在阅读上，用在思考上，用在写作上，用在对教育教学、身边教育现象的研究上。让每一个时间碎片、每一段闲暇时光都富有意义，这才是对时间的高效利用，对自我真正的有效管理。

再次，要管控好自己的情绪。人有七情六欲，喜怒哀乐。教师是人，有他的积极情绪，同样也会有他的消极情绪。如果是干别的工作，我们可以不在乎他的情绪，甚至可以允许并放纵他带着情绪工作。但是教师不一样，教师所面对的工作对象是一个个活泼可爱、具有极强可塑性的孩子，其工作性质是一朵云推动另一朵云，一个生命影响另一个生命，一个灵魂唤醒另一个灵魂，一种精神感召另一种精神，这就决定了教育的环境与氛围必须是宽松、和谐、温润而友好的。如若老师带着消极情绪面对学生，教育教学被消极情绪所支配，课堂气氛就会变得沉闷压抑，令人窒息。老师的消极情绪会像传染病一样，迅速传染给每一个学生，让学生被消极情绪所牵连，无精打采，萎靡不振，很难想象，这样的教育会达到一个什么样的效果。

  如果老师能够及时调整心态，管控好自己的情绪，尽量让自己头脑清醒，回归理智，此情此景下的教育将会变得温暖而美好，温情而彼此念念不忘。

  年轻教师在自我精进的路上，能够从这几个方面入手，让自己与自己博弈，自己管理好自己，永远不放低对自己的要求，便能够成为一个卓越而幸福的好老师！

未来的日子拥有健康比什么都重要

一大早去乡下，送走了我尊敬的老校长。

一堆教育人凑在一起，顿生诸多感悟。由人生的苦短说到如何好好珍惜活着的每一天；由时间荏苒，生命易逝说到如何善待光阴，善待自己，善待生命；由时运不济，曾经沧海难为水，说到一个人这一生无论怎样奔波、折腾与鼓捣，最终都是相同的结局，都要回到生命的原点，回到最初出发的地方。

然后共同指向一个话题——健康。

过去三年，让人们明白了一个共同道理，人生不必大富大贵，但一定要健康，健康不是第一，而是唯一。

于是我想到了著名商界奇才、苹果公司创始人史蒂夫·乔布斯。乔布斯于 2011 年因癌症去世，当时财富达数百亿，却仅享年 56 岁。

他在临终时感言："在生命的最后时刻，躺在床上，回想着我的一生，我意识到面对即将来临的死亡，我拥有的一切知识和财富毫无意义。你可以雇用某人为你做饭、开车、赚钱，但你不能雇用某人为你承受疾病。所以，钱财身外物，健康诚可贵。"

再想到了被称"世界上第一个亿万富翁"的洛克菲勒，小时候在农庄长大，身体十分健壮，可是在创业的时候，他只顾赚钱，不顾身体，是个十足的"工作狂"，根本不懂得给自己放松，也不给员工放松放松的机会。

到了 19 世纪下半期，整个美国的石油资源 90% 都已掌握在他的手中，然而他还是不知足，一直在为自己没有能够得到另外10%而耿耿于怀，工作上也常常为一些鸡毛蒜皮的事而郁郁寡欢，有时还会大病一场。这样一来，他原本健康的身体被糟蹋得不成样子，以致正当壮年时，看起来却像是一位古稀老人。

就在洛克菲勒五十三岁那年，他患上了一种当时无法治愈的绝症，有人曾这样总结洛克菲勒在五十三岁那年的成就：标准石油工作、世界首富称号、一块墓碑。值得庆幸的是，最后他从死神手中被拉了回来，但瘦得只剩下皮包骨。他对人说："我从来没有想到健康如此重要，如果可能的话，我愿意用所有财富交换健康。"

正因为这场大病，洛克菲勒开始重新审视自己对财富与健康的认识，他在工作中开始学会放松自己，放松员工，也包括放松家人，他最后活到了九十八岁高龄。

生命至上，健康第一。要让自己健健康康，除了学会生活、适量运动、注意睡眠、呵护好自己的身体外，我想最重要的在两个方面——调整心态与放松自己。

心态决定格局，心态决定命运，心态决定人生，心态也决定对职业的态度，心态更决定一个人的健康。

物随心态转，境由心态造，事凭心态成，身体因好心态而健康。

好心态是人们生命的知音，一生中的好伴侣。好心态让人豁达而乐观，愉悦而健康。

因此，无论成败得失，如意失意，无论遭遇什么坎坷挫折，身陷何等困境险滩，我们都应该调整好自己的心态，一切想得开，看得淡，识得透，放得下，不争不计，不忧不惧，不怨不怒，以积极的心态坦然面对，以知足常乐的胸襟珍惜拥有，以顺从包容的风范泰然处之，优雅生活，收获幸福。

心态不同，人生的境遇便会天差地别；心态迥异，一个人的健康更是相差悬殊。只有修炼一颗淡泊宁静的心，人生才会风清月明，健康才会成为最大财富。

中国有句古话叫"一张一弛，乃文武之道"。现代社会时间紧、节奏快、效率高、压力大、竞争激烈，我们为此既要能够紧张得起来，又要能够放松得下来。

紧张得起来，就是在做事的时候，要集中精力，全身心投入，认真负责地工作；放松得下来，就是要放下手中的活，抛掉一切杂念，给身体和心灵都放个假，以便有更好的状态去迎接挑战。

席慕蓉说："成功路上我们往往也会停下来短暂休息，是为了更好地风雨兼程。"

生命对于每个人来说都只有一次，健康比什么都珍贵，没有健康就没有一切。打个比方，如果其他东西是无数个0，那么健康就是这些0前面的1，没有这个1，再多的0也都没用。而注重放松自己，是让自己拥有这样一个"1"的又一法宝。

休憩之后的奔流更有力量，调整之后的步伐更为坚实，放松之后的生命更具有活力。

一个优秀的教师，他会爱岗敬业，忠于职守，但不会成天只埋头工作，做工作的奴隶；他会对工作认真负责，一丝不苟，但不会对自己那么苛刻，让自己的身心疲惫不堪；他会视职业为事业、志业与命业，但不会一味糟践身体，透支健康。

一个卓越的教师，他能够做到既会工作，又会生活；在工作时高度投入，在生活时恬淡从容；劳逸结合，张弛有度。病了，学会休息；困了，善于调节；累了，懂得放松。

一个幸福的教师，除了用心教书，潜心育人，再忙，也要留一点时间给生活，留一点生活给自己；再忙，也要有自己的志趣爱好，有自己的潇洒浪漫和生活情调；再忙，在工作之余，也会抽时间去唱唱歌，跳跳舞，弹弹琴，看看书，喝喝茶，垂垂钓，爬爬山，让普通的生活充实而不单调，让平淡的日子特别富有味道；再忙，也会忙里偷闲去看看蓝天白云，听听潺潺流水，嗅嗅鸟语花香，感受感受江上的清风，欣赏欣赏山间的明月……

慕容雪村曾经在他的一篇文章中写道："不管你活在哪一种人生中，你都会经历这样的时刻：觉得自己不够幸福，可是又不知如何改变。我想原因就在于少了这样的'梨花一瞬'，你需要一段悠闲的时间，去品茶，去读书，或者什么都不做，只需要一个黄昏，看梨花如何从身边飘落。"

作为老师，能够多一些"梨花一瞬"，就多了一分闲适，一分舒坦，一分放松，一分幸福，一分健康。

其实，教育不仅仅是短暂的生命消耗，更是持久的动力支撑；教师也不仅仅是春蚕蜡烛般的奉献，更应是以健康的身体去享受工作的意义与乐趣，去触摸生活的精彩与斑斓，去感受人生的璀璨与美好。

健康是灵魂的客厅，病体是生命的监狱，有健康，就有一切。从明天开始，愿每一位老师都能够关注身体，关注健康，做一个健康而幸福的教育人。

这不仅仅是为自己，也是为了家人和亲人，更是为了神圣而不可亵渎的教育！

第二辑

理念与视野

给孩子一个幸福完整的童年

  这两天,我所见到的身边的儿童都沉浸在节日的欢乐中,他们蹦蹦跳跳,嬉戏打闹,欢天喜地,笑容像花儿一样在脸上荡漾,在心底绽放。

  罗大佑《童年》歌词里的"池塘边的榕树上,知了在声声叫着夏天,操场边的秋千上,只有蝴蝶停在上面……"那样的童真童趣,似乎又回到了他们身上。

  我多希望孩子们永远保持这样的快乐,这样的状态。

  时常看到一些孩子坠楼跳河的消息,一个个鲜活而美好的生命瞬间消逝,很是惋惜,心里也很不是滋味。

  我总在想,为什么现在的孩子都是玻璃心,为什么生命力如此脆弱,为什么那么经不起折腾?为什么打不得、骂不得,稍有不如意就要死要活?甚至有可能考试的一次不如意,作业的一点过量,父母的一个指责,老师的一句批评,同学之间的一点小摩擦,足以成为压垮他们生命的最后一根稻草,抑或是成为轻视自己生命的一个小小的砝码。

  还是要说到我们童年的那个年代。经济拮据,家境贫穷,用缺衣少食来表述,一点也不为过,因为学习,挨老师骂,包括揍,因为完成家务劳动,受父母的训斥和皮肉之苦,那是家常便饭。为什么我们却愈骂愈揍愈勇,愈斥愈打愈坚强?

  20世纪80年代,我从师范毕业参加工作,成为一名乡村教师,那个时候初出茅庐，年轻气盛，个性急躁，再加之所接触的家长，都是很真诚地对我说希望我能对娃儿严格管教，若是不听话，就往死里打。

在教育上虽然没有按照孩子家长的要求"往死里打"，但是对一些调皮学生，罚站、打手板，那是少不了的。现在想起来，对自己当年教育教学行为的简单粗暴，还深感内疚和自责。

可那些孩子同我们小时候一样，越是"血腥洗礼"，抗挫力和生命力却越顽强。那个时候从没有因为父母和老师的管教而坠楼跳江的。

我想，是因为那个时候孩子们的童年差不多都是在校园内捉迷藏、扇烟牌、跳格子、滚铁环，放学路上采野果、打水仗、摸鱼虾，节假日放牛割草、拾柴火、帮父母干农活中度过的，都有一个幸福完整而令人流连的童年。即使是挨骂挨打，他们也有很多情绪出口，他们的生活除了学习，做作业，还有在田间地头劳动、在上学放学路上玩耍、在野外疯跑……即使是被打被骂，他们也有可能一玩起来，一跑起来，一劳作起来，就把烦恼抛到九霄云外了。

我以为，幸福完整而令人流连的童年，是每个人的"精神家园"，也是滋养人一生的精神财富，它能赋予一个人积极的情绪，健全的性格，以及坚实的心理基础，让他坚韧、不屈，具备更强大的生命能量，能够充分抵挡人生路上的波折与艰难险阻。

可以这样说，孩子们的童年，需要玩耍，需要嬉戏，需要运动，需要劳动，需要蓬勃的生命力。只有生命力越旺盛的孩子，内心才越阳光。

美国医学博士斯图尔特·布朗用了42年时间，跟踪采访了6000人，结果发现，小时候没有无拘无束玩耍过的孩子，长大后更难适应新的环境。而那些自由畅玩的孩子，长大后无论社交能力、抗压能力，还是解决问题的能力，都比较强。

而现在的孩子呢？因为社会的浮躁，教育的功利，家长们的焦虑，孩子们被应试捆绑，身心被分数束缚。"双减"前，做不完的作业，考不完的试，补不完的课；"双减"后，尽管作业负担和校外补习负担减轻了，但是大部分孩子还是学校家庭两点一线，每天从早上 8 点到晚上 6 点，近 10 个小时待在校园里。哪怕课后服务组织得再精彩，孩子们在他们生命成长的最美好年龄，却还是远离了大自然，远离了撒野，远离了天真烂漫，远离了身心放飞，在孩子们精神孕育的最早时期，失去了他们应该有的经历、磨炼、体验，需要有的探索、创造、勇气，必须有的参与、分享、担当。

孩子们的世界太小了，相应地，孩子们的童年也就自然而然地消逝了。

著名儿童教育家蒙台梭利说："童年是人生最重要的时期，它不是对未来生活的准备时期，童年是真正灿烂的、独特的、不可或缺的、不可重现的一种生活。"

心理学家阿德勒也曾经说过："幸运的人一生都被童年治愈，而不幸的人一生都在治愈童年。"

也就是说一个人在童年时期有过阴影或不幸，那么这种阴影或不幸给孩子造成与带来的心理创伤，将会一直伴随到成年，有的人甚至要用一生去治愈。

朱永新老师说："一个成年人身上几乎所有的问题差不多都可以从他童年生活中找到答案，都可以从他童年的生活经历中寻到源头。"

可以这样说，现在孩子的很多悲剧，都可以从他们童年生活中找到答案，从他们童年的生活经历中寻到源头。

按要求，校园内三层以上高层建筑，存在坠落风险的外窗、阳台（露台）、外廊、屋顶等具有临空面的位置，都应加装防护设施。我想，这对进一步强化校园安全，会起到一定的作用，但不能从根本上解决问题。

校园再防护，如果不呵护孩子童年，悲剧仍然会继续发生。

面对孩子们的生命危机，我觉得最好的守护，就是回归教育本真，解放孩子，把童年还给孩子，把纯真活泼的天性还给孩子，把儿童天地中所蕴藏着的那种了解、征服世界的好奇、野性、原始力量和无所畏惧的冲动还给孩子。

孩子们有很多消遣的方式，有丰富的内心世界，有一个幸福完整的童年，遇到再大的事，都不会轻易被击垮。

童年的消逝无疑已经成为一种社会现象。"有没有任何社会机构足够强大，并全心全意地抵制童年消亡的现象？""在抵制时下所发生的一切时，个人完全无能为力吗？"这是尼尔·波兹曼在《童年的消逝》中的呐喊和叩问。

为了孩子，为了孩子的未来，也为了这个国家和民族的未来，我们是不是应该更多地思考和行动，给孩子们一个幸福完整的童年呢？

"劳动"本身，就是最好的教育

劳动，对现在的孩子似乎很陌生，也弥足珍贵。要不，为什么从国家层面，又是发文加强劳动教育，又是发布具体课程标准。

而对于像20世纪60年代出生的我们这一代人而言，劳动，却是家常便饭，是每天的必修课，是那个时候学习生活的重要组成部分。

自从能够记事起，每天放学回家，书包一丢，要么放牛，要么割草，要么捡拾柴火。贪玩是儿童的天性，出门时常常呼朋引伴，一边放牛、割草、拾柴火，一边嬉戏玩耍，或捉小虫、摸鱼虾、采野果，或走五子棋……

为"劳动"加上调料，劳动，竟成了有趣的事儿，感觉特别快活。劳动为我的童年留下了快乐，也为现在留下了许多美好的回忆。

还是生产队的时候，为了给家里挣"工分"，多分点粮食，少"补社"（因工分未挣够，年底给生产队缴款），还利用寒暑假参加挑土修堰、筑塘码坎、锄草挖地等集体劳动。在集体劳动中，最值得期盼的是两件事情，一是劳作休息间隙，听老农讲一些乡村逸闻趣事，往往在欢笑声中会消弭不尽的疲累。二是每天收工时，听生产队记分员公布当天的"工分"，一般一个壮劳力干一天是10分，妇女则根据农活轻重，分别给予7~8分不等，我还属少年儿童，劳动一天差不多给的是5分。当记分员用清脆的声音念到自己的名字和挣得的工分时，我的兴奋程度不亚于学科成绩考满分。

遇到农忙时节，父母干耕地、犁田、打谷子等重活，我除了帮父母干点拾麦穗、拖稻草、捡棉花等轻活，就是负责做饭。尽管当时物质生活相当匮乏，但是当时年纪尚小的我，却开动脑筋，变着花样做饭：从菜地里摘来南瓜花做南瓜花饼，把南瓜秆的茎去掉，凉拌后当咸菜下饭；从山坡上采来茴香，同面调和后炸成茴香粑；把四季豆弄成臊子，把挂面煮好后捞起用扇子扇凉，做出大家比较喜欢吃的凉面……

当然，上小学之后，在学校里，我更没有离开过劳动。

在小学和初中，记忆最深的是每周的大扫除。全班同学都带着水桶、抹布、扫帚、锄头、簸箕等工具，从教室到厕所，从台阶到操场，从屋檐到水沟，从门板到窗户，每人认领"一亩三分地"，每周放学前都会用一下午的辛勤劳动，换来整洁的校园环境。

除了大扫除，那个时候的生产劳动更是必不可少。每周的劳动课，我们都要参加劳动。现在想起来最要命的是，学校在磨岔河沟，学农基地在福坪寨半山腰，整个坡程有三公里多，每周要从学校抬粪去基地浇灌农作物，我从小体弱，个子也不高，要把一桶粪从河沟颤颤抖抖抬到半山腰，感到特别吃力，中途要歇上好几次。

上师范时，学校修建教学楼，受地域限制，顺山势而建，需把一个大山包铲平，20世纪80年代初没有大型挖掘机具，我想，即使有也不会用到。一是建设成本的需要，二是教育的需要。整个大山包全是靠我们学生一锄一铲挖平的。

除了参加建校劳动，出于对无线电的兴趣，我从仅有的生活费中精打细算，节省出零花钱订阅《电子报》《无线电》杂志，从上海、天津等地邮购二极管、三极管、电阻、电容等电子元器件，搞了一个无线电兴趣小组，装收音机、扩音机、电子琴、电子门铃等，这也算是综合实践劳动。

参加工作后，"六一"庆祝，学校没有扩音机，我组装的扩音机终于派上了用场。担任班主任时，我在教室与寝室之间安上了对讲机，用于班务管理。学生们觉得挺新鲜，也为我的班主任工作提高了效率，减轻了许多负担。

囿于时代限制，我没有上过大学，学识上捉襟见肘，难免浅陋，但是"劳动"给了我很多见识，让我明白了一些事理，懂得了不少做人道理，参悟了诸多教育哲理。当然更重要的是，"劳动"淬炼了我坚韧不拔的意志，磨炼了我吃苦耐劳的毅力。这应该成了我人生最重要的一笔财富，不管在哪个阶段，哪个工作岗位上，我都展现出了这种意志和毅力。

师范毕业后，我被分到偏远的农村学校，交通闭塞，信息不畅，在那样的环境中，我每天晚上点着煤油灯读书写作，双脚踩出的"两个大脚印"，藤椅四腿所磨出的"四个大坑"，换来了几百篇"火柴匣""豆腐块"文字和四本语文教学专著。

从事区域教育管理，为了提升自身教育素养，也为了更好地引领一方教育，引领校长教师的成长，我坚持读书，坚持写作，十多年教育局局长生涯，十多本教育著作。其背后，应该有着常人难以做到的坚持，有着很多人难以承受的苦与累。是"劳动"，给我烙上了这种生命的底色。

现在，我已开启人生下半场，我仍不停地用笔记录对教育的所见所闻，所感所悟。为传播陶行知教育思想，传播我过去在阆中所架构的朴素而幸福的教育认知与实践，我更是不敢有丝毫懈怠。不少朋友好心地问我，难道不觉得辛苦吗？其实，做自己喜欢做的事情，怎么会感到辛苦呢？更何况，"劳动"所给我的这种意志和毅力，让我不会觉得这是辛苦！

直接给分数的教育，是人们所追随与推崇的教育，更是很多家长趋之若鹜的教育，然而，在直接给分数的教育之外，还有很多教育，比如说劳动。由劳动所带来的教育，虽然直接给不了分数，但它能给予分数之外的很多东西，而恰恰就是这些东西能够陪伴孩子一生，让孩子受益终身。

"劳动"有课程，自然是好事，但我以为，"劳动"本身，其实就是最好的课程，最好的教育。劳动教育，离开"劳动"，那都是作秀，都是纸上谈兵！

课堂，怎样吸引孩子专注而投入

达州市2022年师德示范培训暨万源乡村振兴教师专项培训，在达州市委党校开班，我受邀为培训班上课。

尽管天气炎热，但是老师们的学习热情很高。热情需要热情点燃，激情需要激情迸发。在老师们火一般的热情与激情的带动下，我也饱含热情，充满激情，沉浸其中，享受这份酣畅淋漓。

一个班，50个学员，不像在大的报告厅面对几百，甚至上千的受众做报告，我定位于在班级里上课。既然是上课，老师就不能"一言堂""满堂灌"，而应该让学员尽可能地参与进来。

于是，我安排了一些互动环节。在讲到教师职业的意义时，我让学员们根据自己的理解，谈谈自己对教师职业的认识。

我没有点名，让大家举手回答。一秒，三秒，十秒……没有人回应。有可能这些学员还觉得自己是老师，没有把自己当学员，对举手回答问题不大习惯。我说："老师们不是经常鼓励孩子们回答问题要积极，要踊跃举手吗？我们这样怎么行呢？"随后我告诉大家，今天所有参与互动的老师，到时候我会给他们一份惊喜。

这个惊喜就是在行李包里，我随身带了几本我的新书，准备送给积极参与互动的老师。

大约在沉寂了三十多秒后，一个年纪看起来近五十岁的男教师举手了，我很高兴。

他说:"教师这个职业虽然辛苦,压力大,但比上不足,比下有余,特别是这两年,外出打工出不去了,挣钱的门路少了,挣几个钱也不容易了,相比之下,当老师,职业稳定,收入也稳定,而且地位在不断提高,还有寒暑假。我感觉这个职业挺好的,我们应该热爱这个职业,不能这山望着那山高,不然对不起我们的学生。"

真切的感受,朴素的语言,赢得了学员们一阵掌声。

他所谈的正是我要讲的教师职业美好所具有的"外在美""内在美""永恒美""崇高美"的第一方面——教师职业的外在美。这为我随后的诠释做了铺垫,也有了生动的例证。

我为此欣喜,拍手叫好,对他的大胆而精彩的发言,给予了肯定,并且从包里掏出一本书送给他。他双手接过书,我看到了他眼中的光亮以及颤抖的手,他激动地说:"谢谢汤老师!"

虽然桌子上放有写上姓名的桌牌,但我还是让他做了一个自我介绍,他说他叫"赵超",来自万源市偏远的农村学校。他最后补充说,他的名字很好记。我问为什么,他戏谑地说,考试作弊,"照抄"嘛!

我顺势而为,接着他的话题展开,我说,教育是富有创造性的事业,要善于创造,不断创新,勇于变革,绝不能一味地重复昨天的故事,更不能"赵"本宣科,"赵超"照搬。不仅如此,还要不断学习,不断成长,不断超越。全班又一次响起掌声。

人性的优点与弱点,都是喜欢展示,喜欢得到肯定与欣赏,也喜欢他人记住自己的名字。我让赵超老师做自我介绍,这实际上也是给了他一个进一步展示自己的机会,给了他一个让大家欣赏他,能够都记住他名字的机会,自然而然,他的信心也会倍增。

当然,更让我意外惊喜的是,由他的自我介绍,给了我教育的契机,使我捕捉到了教育的意外,然后因势利导,形成了既真实又圆润的教育场景。我的一个不经意的、看似多余的"自我介绍",给课堂添了一些轻松、活泼与情趣。

我一直关注着赵超老师的听课状态，尽管所有的学员都听课认真，少有走神，但是他所表现出来的却是全神贯注，专心致志，可以说是学习热情高昂，充满激情，而且还特别热心。

课间十分钟休息时间到了，我叫在外面休息的老师回教室了，他主动说："汤老师，我来叫。"然后快步跑到教室外，大声开吆："老师们回教室，汤老师又要给大家上课了。"

在下半场讲课之前，我由赵超老师的学习状态提出了一个学习现象——"赵超现象"。我说，"双减"下的减负提质，我们老师更应该关注课堂，研究课堂，更应该提高课堂教学效率，向课堂四十分钟要质量，更应该让课堂变得有效、有料、有用、有趣。现在有的课堂枯燥单调，平淡乏味，激不起孩子们的学习兴趣，也调动不起孩子们学习的积极性和主动性。孩子们在课堂里昏昏沉沉，厌课厌学似乎成了一种常态。

如果我们的老师能够放下操作者、主宰者的姿态，以平等交流者的身份出现，把教师变成教练，把主演变成导演，把主角退步为配角，当好组织者、引领者、激发者、参与者和合作者，就能激发孩子们的求知欲；如果我们的老师能够抓住课堂中的点点滴滴，引导孩子们去主动思考，主动探求，主动学习，就能把课堂作为展示孩子个性的舞台，给孩子搭建更多的成长平台，为他们铺就一个个走向未来的起跳台；如果我们的老师能够把教育教学中的每一个意外、每一个突发，作为难得的学习资源，充分把握，精准驾驭，巧妙利用，就能生成一个个教育机趣和教育智慧，把这些难得的"节外生枝"，转化为教育教学中的宝贵财富；如果我们的老师能够对孩子多些提问，多些倾听，多些启发，多些认可，多些欣赏，多些赞美，多些尊重，就能多站在孩子的角度去思考问题，多一些心思走进孩子的世界，多一些关爱让孩子沐浴人文的光辉，也许我们的课堂就是另外一道风景，孩子就会有另外一种学习风采，或许我们的课堂就没有不会学的，也没有学不会的，更没有厌学逃学弃学的学生。

一堂课带来的改变

一天，收到了达州培训班学员赵超老师的一封信，因为他看到了我公众号上发表的和他有关的文章。

汤老师你好，我拜读了你的文章，作为一名学员常见的举动或作为，给你留下如此深的印象，我甚是感激。这让我对教育与教师产生了一种不一样的情愫，这或许就是朴素教育观的一个例子。也让我更加认识到朴素教育的内涵与人文性的特点——朴素是真，朴素是美，朴素是原生态中各种事物本有的味道，我们的教育应该如此。变了味的教育是误人子弟的，朴素的教育是和谐而健康的，助人成长的，它就像花儿一样越开越美丽，越长越健康！

我简直不敢相信这些文字是出自他之手，也更不敢相信他对朴素的教育和教育的朴素竟认识得这么真切！

因为前几天我才在赵超老师所在的培训班讲教师的职业幸福，其中谈到教师如何收获职业幸福，说到教师应该坚持理性的教育精神。而理性的教育精神是什么呢，也就是践行朴素的教育理念。

我由庄子的"朴素，天人莫与之争焉"说起，从太阳的朝升暮落说到农作物的春播秋收，从大自然的四季更替说到生活的跌宕起伏，从人们的吃饭穿衣说到人生的最终归宿，这一切的一切，无不体现着一种朴素。然后我说，朴素是生活的底色，朴素也是人生的原色，朴素更是教育的本色。大凡做人，不仅需要朴素，而且做事也需要朴素，做教育更需要朴素，朴素的教育最美丽，最持续。为此我希望老师们在教育教学生涯中，能够抱朴守素，返璞归真，不易素心，守住一颗朴素而宁静的教育心。

我还举了一些例子。比如，最美好的校园文化不是高大上的匠人文化、形式文化、商业文化，而是就地取材，因陋就简，变废为宝，师生自己动手，用心用智所营建的朴素的文化；最有效的课堂不是声光电齐上阵，打打闹闹，轰轰烈烈，鲜亮夺目，令人眼花缭乱，而是没有花里胡哨的模式，没有烦琐的"花架子"，没有靠"演"去支撑的常态课、原生态课。在这样的课堂中，漂亮整洁的板书设计，声情并茂的范读讲解，不掺水分的课堂互动，无一不反映与折射出老师扎实的基本功和驾驭课堂的能力。

没想到的是，我讲的这些，竟被赵超老师全部听进去，而且他还根据自己的理解，对朴素的教育和教育的朴素有了更深刻的感悟。

当天的课间休息，我与赵超、苟琳、徐云平、王芳婷等老师，探讨教师"躺平"现象。他们认为，教师的"躺平"一方面来自孩子、家长与社会对老师的不理解。对孩子正常的管教，包括正常的惩戒，也包括正常的教育教学活动，稍不合适，或者孩子稍有点摩擦，可能就会有家长大闹校园，纠缠老师，或者社会舆论不依不饶，弄得老师心灰意冷，不敢管，不愿管，不能管。另一方面则来自职称的评定。有些中小学老师一旦评上职称，特别是评上高级职称后，就觉得万事大吉，高枕无忧了，感觉教育人生已经达到"天花板"了，于是做工作热情就变淡了，成长动力弱了，不再勤奋敬业，凭经验上课，吃老本度日。用时髦的词来说，就是"躺平"了。

赵超老师告诉我们，他已评上高级职称了，从年龄上来说，也差不多了，再加之学校的一些机制，更让他们这些评上高级职称的教师没有那种劲头了，很多都已选择"躺平"。然而更让我想不到的是，赵超老师随后在微信中对我说:"汤老师,作为一名在农村从教二十几年的教师,我会把所经历的教育现象,基层老师对职业的所感所想写给你,望你指正引导!"

一个从教多年的乡村老师,竟然还有如此的心愿与打算,或者说如此的冲动与行动,说明他已经开始想要改变,并有所改变。

记得我在我的第一本书《心灵盛宴》的前言中,写了这样一段话:"一句话、一条哲理、一个故事、一则感悟、一本书……宛若一场心灵的盛宴,往往可以启迪一个人,影响一个人,甚至改变一个人……"

在达州市委党校的第一堂课,对多少老师有启迪、影响和改变,我现在还不知道,但至少给赵超老师带去了或多或少的启迪、影响和改变。

一个人靠自己的努力,能够给他人带去一些启迪、影响和改变,或许正是一个人的人生意义和价值的些许体现。

我为此感到自豪,也愿为此步履从容,执着前行,一如既往!

让课堂里考试不行的孩子变得也行

之前在阆中滕王阁小学座谈，谈到怎样做出适合每个孩子的教育，校长蔡均林说，有家长对他讲，他的娃儿除了在课堂里考试不行，其他方面都行。家长这句话看似通俗，却蕴含了深刻的教育哲理。

孩子天赋各异，个性不同，有的孩子擅长学习，擅长考试，获得一个高分数轻而易举；有的孩子对学习却可能天生不大喜爱，不管怎样逼，怎样施压，怎样强求，反正学习就是不行。但恰恰就是后面这些孩子，往往有着独特的兴趣、爱好与特长。有的喜欢绘画，有的爱好打球，有的勤于劳动，有的歌声嘹亮，有的动手能力强，有的爱心满满……总之，每个孩子都是时代的宠儿，都是不可复制的孤本，上天给他关掉一道门，也总会给他打开一扇窗。

然而现实的教育却因为评价比较单一，大多被异化成只有应试的属性。考、考、考，教育的法宝，分、分、分，学生的命根。用分数这把唯一的尺子去丈量，那些不擅长考试的孩子被丈量成了差生，这些所谓的"差生"，往往老师看不起，同学瞧不起。最终，弄得这些孩子自己轻视自己。

现在的孩子为什么厌学逃学的那么多，为什么破罐破摔的也不少，为什么性格乖戾，心理压抑，行为叛逆者层出不穷，为什么失去生活勇气的已不是个例，个中原委，不言而喻。

我听校长们说，学校三楼以上的高层建筑都在安装安全防护设施。我以为，这从某种程度上或许可以起到一定的防范作用，但我们不可能做到对所有建筑安装防护，也不可能给大江大河、水库堰塘都装上防护网，即使全覆盖安装，心理出问题的孩子要走极端，选择的方式很多，完全可能让我们防不胜防。

这其实只是治标之举。我曾经讲过袋鼠的故事，说袋鼠从笼子里经常逃出，主人就不断加高笼子，袋鼠狡黠地说："哼，不把笼子门关上，再加高也无济于事。"

我们安装防护设施，就相当于不断地加高笼子门，这是不能从根本上解决问题的。教育的治本之策在于"关笼子门"，也就是彻彻底底改变教育生态，以壮士断腕之勇气扭转以成绩定成败、以升学率高低作评判的倾向，针对孩子的个体差异，做适合每一个孩子的教育；本着良知使命，立足每一个孩子差异，多一把尺子，多一份标准，多一种期待，多一些欣赏，多一点发现，给每一个孩子更多的可能，让每一个孩子因教育的阳光雨露而活泼灿烂，生命有枝可依，人生能得到基础性、个体性、专业性的多方位的依托和支撑。

那么摆在我们学校和老师面前的任务是，一定要转变教育观念，一定要跳出应试的窠臼，一定要有一种长远的眼光，一定要尊重每一个孩子的个体差异，一定要通过因材施教，通过个性化的课程，通过丰富多彩的社团活动，给每一个孩子搭建成长的平台，做适合每一个孩子的教育，让每一个孩子动起来，让所有的孩子在每一个方面、每一个阶段和每一个过程中都能够得到充分的关注和回应。

在人们对应试教育习以为常的当下，仅停留于表层的敲敲打打，修修补补（例如取缔培训班，规定睡眠时间，限定作业量，花钱加装防护设施等）或许比较容易，但要从深层来说，远离教育的喧嚣浮躁，摒弃功利主义教育，重塑教育价值观，让教育回归本原，还将面临巨大的考验和挑战，也需要行动者拥有足够的勇气和智慧。

要让校园由压抑窒息转变成欢呼雀跃，让孩子们由死气沉沉转化为开朗灵动，让教育由刻板统一转型为各美其美，中间可能还有很长的路要走。

尽管如此，我们每一个教育人完全可以从自身做起，立足自身，立足当下，通过改变我们的办学行为和教育方式，改变校园日常生活样态等来改变孩子们的生命成长状态，营造局部的教育春天。

如果每一个教育人都有了行动和改变，最终换来的将是教育的春光无限，百花满园。

到那时，那些在课堂里考试再不行的孩子，也会因其他方面的"行"，而大放异彩！

到那时，一派祥和而美好的校园便再也用不着加装防护设施了，因为，每一个孩子心中会自有一道安全的防护栏！

一所好学校是有温度的

什么是一所好学校,一所好学校的标准是什么,相信每一个人的理解都是不一样的,要作答,肯定有很多种答案。但我以为,一所好学校它是有温度的,"有温度",这是一所好学校的基本特征,也是一所好学校应有的属性,更是判定一所学校好坏的重要标准。

| 有温度的学校要有"有温度"的环境

一所布局宏伟、设备先进、校舍豪华、运动场辽阔的学校,未必就是一所好学校;反之,一所条件简陋,看似普普通通的学校,它可能有一个优美的、诗意的、敞亮的学习环境,让孩子们学习生活乐在其中,从而成为孩子们喜欢的学园、乐园、花园和家园。

其实,校园环境并不是教育以外的东西,它是教育的有机组成部分,甚至就是教育的本身。一草一木总关情,一石一土皆春秋。校园中的一株花草,一株古树,一口老井,一片鸟语花香的山林,几枝小小的夹竹桃,都是生动的课程,都能在不经意间滋润心灵,开启智慧,都能在点缀校园的同时,成为最鲜活、最真实的教育元素。

有温度的学校要有"有温度"的文化

学校不仅仅是砖瓦的堆砌，也不仅仅是钢筋混凝土的浇筑，而是文化的芬芳与弥漫。决定一所好学校的因素，肯定不是高楼大厦，也不是有无塑胶跑道，而是温馨的校园文化。

我有一个基本的判断，一所学校什么都可以没有，唯一不能没有的就是校园文化。

文化，外化于行，内化于心，是最好的管理，也是最好的教育。校园里任何一件不起眼的东西，只要给它烙上文化的印记，赋予文化的符号，注入文化的基因，就会远远超出其本身，成为不可替代的育人教材与载体。

任何一所学校，哪怕是不起眼的小学校，只要有了自己独特而鲜明、丰富而厚重的文化，就会焕发出蓬勃的生命力。孩子们置身其中，耳濡目染，潜移默化，久而久之，就会涵养出一个个有德行、有气质、有风骨、有进取、有担当、有正义感的人。

一所有着浓郁文化的学校，会让孩子们在这样的氛围中，接受熏陶、浸润与洗礼，成为美好的自己。

有温度的学校要有"有温度"的书香

"最是书香能致远，腹有诗书气自华。"学校本是读书的地方，但是不少学校却没有书香，没有书香的校园那绝对不是一所好学校。我以为，只有将书香与校园联系在一起，校园里随时能够与书相遇，书香能够在校园里四处飘逸的时候，这样的校园才是曼妙、灵动、温润、富有生命力的。

一个只有刷题声的校园，那是令人窒息的牢狱；一个只有死记硬背的学校，那将永远无缘于好学校。

有温度的学校要有"有温度"的教育

有温度的教育绝不是为了分数而一味地拼时间、拼身体、拼生命的教育,也不是为了"提高一分"而"干掉千人",为了成绩而"只要学不死,就往死里学"的教育,更不是为了一时之功利,而把学校办成标准化的工厂,应试的车间,把活生生的孩子硬生生地变成待加工的产品,变成了死读书,读死书,读书死的机器。

有温度的教育,应该是没有边界,没有功利的教育;应该是尊重个体,彰显个性的教育;应该是低竞争,低控制,低评价,睡眠充足,充满自由的教育;应该是关注学生的全面发展、全体发展、全人发展的教育;应该是允许慢,包容慢,有牵着一只蜗牛去散步的优雅与从容的教育。

一所学校所做的教育,除了分数还是分数,除了考试还是考试,其他啥都没有,也啥都不会,这样的教育哪来的生机,哪来的希望呢?这样的学校还有什么温度,还能够称其为好学校吗?

有温度的学校要有"有温度"的管理

管理,既在"管",又在"理"。既"管"又"理",就要眼中有人,看得见人;就要注重人文,体现人性,坚持以人为本,让管理闪耀人文的光芒,弥漫人性的光辉;就要充分尊重人、理解人、关爱人、信任人;就要将心比心,以心换心,学会共情,懂得换位思考;就要管人管心,一切由"心"使然,一切从"心"出发,而不是给人下马威,一味把人管住。

我多么希望看到这样的学校管理:老师累了,可以休息休息;困了,可以调节调节;病了,可以及时看看医生;错了,可以不用一纸制度随意处理人;工作有闪失了,可以得到最大限度的包容;孩子身体不好了,可以调课照看孩子；家庭生活与工作相冲突了，可以通过弹性上班，平衡协调好两者的关系。

这种有温度的管理，会给教职工带来"家"的感觉与温暖，他们会视校如家、爱校如家，并心甘情愿地服从，无怨无悔地奉献。

有温度的学校要有"有温度"的教师

有温度的教师能够蹲下来看孩子，俯下身子与孩子交流，手牵手同孩子一起前行；有温度的教师充满爱心，充满着教育智慧，对待孩子如春风化雨，孩子接受他的教育如沐春风；在有温度的教师眼里，孩子只有差异，没有差生，只有可能，没有不能，只有不同，没有优劣、聪笨之别；有温度的教师会用欣赏的眼光去看每一个孩子，用显微镜去发现每一个孩子的闪光点，用自己的心血去擦亮每一个孩子，让每一个孩子活出自己的模样；有温度的教师会让课堂始终荡漾着民主、融洽、和谐、友好的氛围，让孩子成为课堂的主人，在这里，没有斥责与体罚，没有埋怨和辱骂，老师抑扬顿挫的朗读、恰到好处的点拨、循循善诱地开启，就像涓涓细流慢慢地滋润着孩子的心灵，开悟他们的心智；有温度的教师赋予了教育独特的魅力，所构建的完整、快乐而幸福的教育生活，为无数孩子照亮了前行之路，让每一个孩子都能够在获得安全感、归属感、价值感的同时，尽情地绽放自己的美丽。

一所有温度的学校，那就是名副其实的好学校。这样的学校，就是一片蔚蓝的天空，孩子就像展翅的鸟儿可以自由飞翔；就是一汪无垠的湖泊，孩子就像摆尾的鱼儿可以尽情摇曳；就是一张洁白的图纸，孩子可以拿起魔幻般的五彩笔在上面随意涂鸦，尽兴描绘。

期待有温度的学校在新的一年越来越多，如雨后春笋般蓬勃生长，竞相涌现！

家校共育，赋能县中振兴

中国现有的 2800 多个县级行政区划所举办的高中，据教育部最新统计，容纳了近 60% 的普通高中学生在县中就读。

县中是县域基础教育的龙头，是连接城乡教育的枢纽，也是普通高中教育赖以生存的基础，更是中国教育最厚重的底色，寄托着广大农村学生接受更好教育的美好愿望。

县中"塌陷"，令人担忧

曾经的县中，在教育资源相对短缺、城乡人口流动较为困难、区域招生划分严格的情况下，普遍成为县域内学子进入大学深造并实现代际向上流动的主要平台。

今天的很多 80、90 后，中学时代差不多都是在县中度过，并通过县中进入大学，县中改变了他们的命运，让他们有了上升通道，成为国家的栋梁，社会的中流砥柱。

然而随着市场经济的崛起，城镇化的深入推进，人口的频繁流动，宏观教育政策的调整，高中招生格局发生了很大的变化。不少市级中学尤其是省会中学凭借优渥的办学条件，快速吸引县域优质生源；不少民办中学凭借各种激励措施，迅速打造升学品牌，虹吸周边生源；又特别是许多地区这些年来所出现的教育怪胎——"超级中学",通过跨域招生,层层掐尖,疯狂抢挖、掠夺与垄断教育资源。

在马太效应下,许多地方的县中不仅失去了过去的"光环",而且发展陷入被动,举步维艰。一些县中为了获得最后一点尊严和体面,一方面在受到外界"欺侮"的同时,以县域"龙头"身份,"相煎"同伴,挑起县内生源大战;另一方面以反复刷题、反复考练为全部手段,让自己在县内几所高中的竞争中,获得最后一点筹码和话语权。

这样不仅使整个县域教育生态受到破坏,也使自身陷入被动的局面和应试的泥潭。随着高考制度改革的纵深推进,靠挤压学生时间追求片面的升学率,只会让县中雪上加霜,在应试的路上越走越逼仄,以至于最终"塌陷"。

振兴县中,时不我待

农村学生是县中学生的一大主体,县中一旦塌陷,会加速农村人口的外流,造成乡村空心化,乡村学校空壳化,乡村教育凋敝化,县域整体教育恶化。

乡村振兴必先振兴乡村教育,振兴乡村教育必先振兴县中。县中振兴,对稳定县域内生源和师资,促进义务教育优质均衡发展,服务乡村振兴战略和推进以县城为重要载体的城镇化建设,具有强大的支撑作用。

为实现县中振兴,破解县中"塌陷"困境,2021年12月,教育部等9部门印发了《"十四五"县域普通高中发展提升行动计划》,提出到2025年县中整体办学水平显著提升,市域内县中和城区普通高中协调发展机制基本健全的发展目标。

2022年1月10日,国家发展和改革委员会等21部门印发的《"十四五"公共服务规划》,又明确提出要加强县域普通高中建设。研究制订县域普通高中发展提升计划,全面加强县中建设,持续巩固提高高中阶段教育普及水平,促进高中阶段学校多样化、特色的发展。

2022 年 5 月中共中央办公厅、国务院办公厅印发的《关于推进以县域为重要载体的城镇化建设的意见》，也特别强调了县中的发展提升问题。

"十三五"末，我国已经基本普及了高中教育。"十四五"时期，高中教育进入后普及阶段，县中振兴已形成共识。

家校共育，赋能县中

县中振兴，必须多管齐下，综合施策。除了规范招生秩序，严格依法治教，优化资源配置，增强县中"造血"功能，健全科学评价体系，改良区域教育生态，创新办学机制，激发县中办学活力外，我还想从家校共育，如何赋能县中振兴角度，做一些思考与探讨。

家校共育，振兴县中，作为家庭教育方面，首先要唤醒家庭重教传统，平衡好家庭生计和孩子教育的现实需求。一般县中所在县域，人口流出相对集中，急需家庭教育支持的县中，却明显出现了家庭教育的缺位与缺失，没有父母的有效监管，没有家庭教育的积极配合，对处于高中阶段青少年的学习与成长极为不利。然而让家长放下外出为家庭创收的生计，对于很多以劳务收入为主的农村家庭来说又十分为难。

尽管如此，作为家长，应从长计议，站位高远，从对孩子未来人生负责和对社会尽责的高度，在孩子完成学业和教育生涯的关键时期，切实担负起家长的责任，履行好家庭教育的神圣使命。这既是关乎个人和家庭幸福的"家事"，也是关乎国家和民族命运的"国事"。

其次要树立正确的家教理念，坚持科学的家教方法。高中阶段，是孩子成人成才的关键时期，但是由于高考压力大，绝大部分家长只关注孩子学业水平的提升，忽视了学生的人格塑造、习惯养成、身心发展，以及人生定位、生涯规划，不能解决孩子成长中的烦恼和问题。

殊不知，学校教知识，家庭教做人。家长应该更多地陪伴孩子，交心谈心，建立民主、融洽的亲子关系；对孩子进行理想教育，规划职业发展方向，帮助孩子确立成长与奋斗目标；不溺爱孩子，让孩子多参加劳动锻炼和社会实践，了解社会，洞察人生；做好精神疏导，习惯引导，让孩子拥有积极的情感体验和健康的心理素质；接受孩子的普通，欣赏孩子的进步，以平常心平衡好"丰盈人生""大学梦"和"名校情结"的关系，增强孩子的学习动力和自信心。

再次要注重家校沟通，达成协同育人目标。家校沟通，通常都是教师与家长之间的单向交流，又多数是教师在学生出现问题后与其家长的联系，家长很少与教师主动联系。家长与教师进行家校合作的主动性与积极性不高，从而导致家校协同育人动力不足。

因此，在对孩子的教育上，家长完全可以与学校和教师进行及时的沟通，及时有效地解决孩子发展中存在的问题。家校双方只有保持顺畅的沟通，无缝对接，形成合力，才能为孩子的快乐成长提供健康、和谐、适切的教育。

家校共育，振兴县中，作为学校教育方面，首先要破除唯分数、唯升学率观，探索更加多元的县中发展方式。县中的振兴，应该是不断满足人民群众"上好学"的愿望和需求，让每一个学生都能通过接受适合的教育而成人，成为他应该成为的人。

党的二十大报告强调，要坚持高中阶段学校多样化发展。只有坚持高中学校的多样化发展，不再分三六九等，不再唯分数、唯升学率是从，才能给学生多元的选择，也才能最大限度满足学生多样化、个性化的成长需求。

县中振兴，如果依然还是以分数、升学去衡量与定义，那么即便采用多大的倾斜性政策提升了生源质量和升学率，"县中振兴"的目标也难以真正实现。

其次，将家庭教育纳入学校发展整体系统，构建家校共育新样态。学校作为教育的主阵地，应发挥出家校共育，协同育人的统筹引领作用。通过学校管理者与教师走进学生家庭，倾听家长心声，排解家教之难，实现真正的家校协同；通过家委会、家长学校，积极推动家校沟通，达成关于家校共育边界的共识，实现家庭教育在学校办学体系中的一以贯之，协同推进；通过描绘共同愿景、创建协作机制、开放育人途径等方式，统筹利用社会各类资源，协同家庭和社会科学育人，从而形成"父母成长，孩子成人，家庭幸福，学校发展，社会和谐"的美好愿景，让学校和家庭同心同向，让学校教育和家庭教育同频共振，彼此滋养，齐头并进。

再次，探索家长和学校之间的全新合作模式，让家长全面参与学校建设。县中振兴，家长是支持、参与和监督学校管理的重要力量，学校应努力找准结合点，寻求家校共育契合点，通过家长大课堂、家长开放日、线上家长会、各类文化艺术节、学生成长评价、开学散学典礼、家访等活动，主动邀请家长参与到学校发展规划的制定、校园文化的建构、课程资源的开发、综合实践的策划、教师课堂的诊断、学生人生的规划、宿舍食堂的监督等环节，全面参与学校的日常管理。全过程不仅体现家校共融共育，还能全方位见证学生的成长历程，让家庭成为学校发展的"铁杆同盟军"，让家长成为孩子成长的重要参与者，让家校共育为孩子的健康成长保驾护航。

只要家庭教育和学校教育各尽其责，同心协力，变"想法"为"办法"，变"优势"为"趋势"，变"心动"为"行动"，就一定能够为县中振兴赋能，为县域教育发展加油！

乡村民俗的"饭"与乡村的教育

在剑南春之乡——绵竹，我参加了四川省教育学会农村教育分会组织的关于乡村学校布局调整以及乡村温馨学校建设调研报告研讨会。午餐时，我发现摆放在桌子上的几道菜，食材都是从城区采购的，要么是成品，要么是半成品，做法也是按照城市的酒店风格，如法炮制，这样一来，餐桌却没有了"乡土味"，也与"乡村民俗"不搭调，当然更激不起大家的食欲。这让我自然而然联想到了当下的乡村教育。

乡村教育有它的个性特点，也有它得天独厚的资源和优势。随着社会的发展，那些城市教育有的，乡村教育差不多也都有了，比如办学条件、设施设备，包括现代信息技术等。

而城市教育没有的，乡村教育却有。比如，蓝蓝的天，挺拔的山，清爽的空气，宽阔的田野，美丽的大自然，淳朴的乡风民风，真挚的亲情友情，丰富的地方文化，富有乡土特色的民间艺术……

乡村学校置于绿水青山之间，孩子可以自由呼吸新鲜的空气，享受田野的芬芳，探访自然的奥秘，体验生活的情趣，感受乡土的气息。与此同时，蓝天白云、螃蟹虾米、田螺鱼鸭、小溪流水、花草树木，都可以成为最好的课程；田间地头、荒野土坡、草坪石礅、平坝小院、山川塘堰，都可以成为最好的课堂；乡达乡贤、民间艺人、能工巧匠、"非遗"传承人，都可以成为最好的老师；观察水稻生长，了解小鸡孵化，研究土法米酒制作，记录天气变化，看蝴蝶翩跹，蜜蜂酿蜜，爬树荡秋千，抓籽儿跳房摔大绳，都可以成为孩子们喜欢的研学活动。

但是目睹现实许多的乡村教育场景，不免感到深深的遗憾。我所看到的一些乡村教育，往往是对乡村教育资源与优势的舍弃，是对城镇化教育的一味效仿和复制。城市教育怎样做，乡村教育便依葫芦画瓢，甚至不惜来个生拉硬扯，东施效颦，乡村教育成了城市教育的一种盗版和附庸。

其结果是乡村教育既没能获得城市教育所具有的优势，又没能做出城市教育那样的品质，却在依样画葫芦中，让乡村教育失去了本来拥有的味道与特色。让我们教出的乡村孩子一个个看不起乡村，都纷纷逃离乡村，然后像候鸟一样，盘旋于城市上空，而又不能融入城市。

于是我在想，像我们这次入住的地方，如果利用乡村朴素的食材，做一点具有乡土味的饭菜，是不是更应景、更适合，更会让顾客大快朵颐？哪会让人感觉吃的不仅是饭菜，而是一种回味、一种文化，从而创建出自己的个性化"品牌"，以吸引更多的食客呢？

同理，我们的乡村教育如果能够立足乡村，挖掘更多的乡村教育资源和优势，结合乡村孩子的特点，既给乡村孩子传授相应的文化知识，又对他们进行乡土化、在地化、生活化的教育，让他们在认识自己脚下的土地，认识养育自己的家乡的同时，能够留下乡音，记住乡愁，扎下乡根，让我们培养出的孩子"留在大山能生活，走出大山能生存，飞得再高再远都认同家乡"，这样的乡村教育是不是会变得更美好呢？这样的乡村教育是不是会让乡村变得更温馨，更有活力呢？

第三辑

领导与智慧

魅力校长的九个特质

校长的职位其本身所蕴含的权利因素，只会带来教职工表面上的服从，而不会使他们从内心深处萌生出信任感、认同感、追随感。教职工真正的心生敬畏，心悦诚服，更多的是源于校长的非权利因素，也就是校长自身的人格魅力。

校长的人格魅力来自哪些方面呢?

第一：要博学

校长对教师的引领不仅仅是思想上的引领，还有专业上的引领；对教师的管理不仅仅是事务上的管理，还有业务上的管理；对教师的领导不仅仅是教育教学的领导，还有人学的领导。

学愈博，思愈远。学高为师，身正为范。

校长学识渊博，博学多才，一方面能够为教师提供教育思想与教育观念上的启迪，教育智慧与教育艺术上的碰撞；另一方面在管理上能够做到得心应手，游刃有余，科学地统筹学校的发展走向，有效地应对管理中的困境以及各种疑难杂症，同时，赢得教师们的欣赏、尊重与敬佩。教师服从校长的管理，首先服的是校长的才华和学识。

校长的博学来自校长的善于学习，善学则博学，博览亦博学。因此校长无论怎样忙，都必须有静下心来的品性，有挤出时间的毅力，有不放松学习的喜好，有坚持阅读的习惯，让知识的溪流润泽精神气质，让学识的光芒磅礴雄伟气魄。

第二：要正直

做人需要正直，作为校长，教书育人，为人师表，垂范他人，引领教师，领导团队，正直，则更显得重要。

正直是一种坦荡、一种信念；正直是一种美德、一种风范；正直还是一种榜样、一种力量。

正直流淌在自己的血液中，存在于自己骨子里，表现在自己的言谈举止上。

正直不是他人的赐予，也不是外界的赋予，而是坚定信念、呼唤良知、恪守道德、不断修炼的结果。

在管理中，人们常常认为管理者最需要拥有的是特殊与权威，其实正直的影响力是最大的。正直给人以可靠与亲近的感觉，正直的价值以及给他人带去的影响，远超过权力和金钱。

校长拥有了正直，即使在工作上有什么疏忽与失误，自己有什么缺点与闪失，仍可以赢得教职工的理解与谅解。而一个不正直的校长，即使是非常恰当地使用了其他管理方式，也可能永远是一个被教职工审视与怀疑的管理者。

第三：要无私

心地无私天地宽，无私方无畏。大仲马说："不为私利是世界上最好的一种美德，无私和忘我精神是多么伟大和美好。"

人非圣贤，谁能无私？自私之心人皆有之，人最难消除的是私心。

校长既然成为老师的老师，老师的导师，担负了一所学校的发展使命，就应该境界高一些，格局大一些，眼界远一些，对自己的要求严一些，在"私"字上克制一些，尽可能做到无私。

无私是公正的核心，校长尽可能做到无私，才可能做到公正公道，赏罚分明。

无私是成事的基础，校长尽可能做到无私，才能够保持清醒头脑，看清事物真相，做出正确决策，避免决策失误。《韩非子》中说："私义行则乱，公义行则治。"

校长尽可能做到无私，不时时处处以"私"当头，才能树立威信，产生影响力，赢得教职工的真正认可与尊重。

第四：要宽容为怀

海纳百川，有容乃大。宽容，体现着一个人的胸怀和度量，心胸宽则能容，度量大则能包，能容能包则众归。一个人有无宽容之心，决定着一个人的人脉以及品位。

校长特殊的身份，要求校长必须有宽广的胸怀，有容人、容事、容过的雅量。校长能够宽容以怀，就会以一颗博爱仁慈之心去面对师生，以一份豁达超然之情去看待一切，从而产生一种强大的磁场去吸引追随者，使每位教职工在和谐、进取的氛围中尽情发挥，各施所长。

如果校长心胸狭窄，小肚鸡肠，只会让自己郁郁寡欢，患得患失，失去人心，更别说对教职工会形成影响力，让教职工心甘情愿尽心尽力工作了。

第五：要公正待人

如果要问，决定校长影响力的最大因素是什么，我认为，那便是校长的公正。古希腊著名哲学家亚里士多德说："公正不是德行的一个部分，而是整个德行；相反，不公正也不是邪恶的一个部分，而是整个邪恶。"美国经济学家詹姆斯也指出："遵循公正的基本原则，可以充分激发各个阶层成员的潜能，最大限度地释放个人和组织的能量。"

条件差一点，待遇低一些，老师们可能没有意见，他们最担心、最关注的是校长对他们公不公正。很多学校管理出问题，不是因为校长能力不够，而是因为校长对人对事不公。公正是校长管理和处世的原则，是校长必须遵循的职业准则。

校长只有做到公正，学校每一个成员才会心平气顺，心情舒畅，心有所向，情有所系，他们的主动性、创造性才能充分发挥。离开了公正，校长的影响力便会消失殆尽，学校的风清气正便无从体现，构建和谐校园也只能停留于口头上。

第六：要以诚信示人

言必信，行必果。人无信不立，诚信是校长立身处世的准则，是校长人格魅力的体现，是决定校长有无影响力的一种重要品质。

在校长群体中，凡是教职工推崇、信赖的校长，都是坚守诚信的楷模，都能把诚信作为立身之本。很多校长威信低，教职工不信任，工作推动难度大，究其原因，不在于校长的能力，而在于校长缺乏诚信。

校长要讲诚信，以诚服人，就必须以诚待人，诚挚最能打动人，也最能赢得人心；要与人坦诚相待，不遮遮掩掩，做一个"真性情校长"；要践行承诺，一言既出，驷马难追，对说出的话坚决负责。

第七：要仁慈友善

这其实不仅是校长应该具备的品质，大凡做人都必须做到仁慈友善。一个人有了仁慈友善之德，他会仁义天下，慈悲为本。这样的人，既会给他人带去不尽的温暖与感动，又能给自己带来人缘与口碑、快乐与福报。

校长能不能赢得人心，真正走进师生的心灵，能不能得到师生的拥护，让他们有安全感、幸福感，关键在于校长有没有仁慈友善之德。

有仁慈友善之德的校长，能够悲天悯人，见一丛野菊花，也会怦然心动；能够心存善念，竭力善为；能够将心比心，以心换心，时时处处换位思考；能够关爱师生、信任师生、理解师生、尊重师生，真情感人，至诚化人，积极营造自由呼吸空间，全力呵护师生生命健康成长，倾力保护师生学习热情与工作激情。

第八：要虚怀若谷

谦逊示人、虚怀若谷是辉映千古的美德。校长虽为一校之长，也并不是门门超群，行行卓尔，样样过人，因而绝不可傲气十足，目中无人，随时以校长、行家、专家而自居。在我看来，老师对校长如何，关键取决于校长是平视他们、俯视他们还是仰视他们。

因此，校长一定要谦虚谨慎，学会放下身段，虚心向他人学习请教，耐心倾听他人意见和建议，善纳顺耳之言和逆耳之言，辨假识真，去伪存真，同时创造一种没有等级观念、师生和合、教师和睦的教学环境和人际关系。

当然，校长谦逊而虚怀若谷，并不是自我贬低和毫无主见，而恰恰是一种自知之明，正如朱光潜先生所语，"是对自己所不知所不能的高不可攀的东西的一种仰望"。

第九：要严于自律

校长不是官，当校长也不是为了谋权谋利谋名，做校长一方面意味着多了几重责任，另一方面意味着你注定成为全校师生以及社会的焦点，你的一言一行，一举一动都可能成为大家的看点、议论点。因此，校长必须要有敬畏之心，时刻牢记"最铁的是规律，最硬的是法律，最严的是纪律，最需要的是他律，最要紧的是自律"，自我约束，慎独慎行，自觉接受监督，守好底线，不触及红线，不逾越高压线。力求有"当一任校长，负几代责任，留一世清白"的坚守，有"为人处世常留一份宁静给自己，履职尽责多一点淡泊在心底"的风范，真正做到有本事、能办事、会办事、办成事、不出事。

校长如果能够做到这九个方面，从而形成校长的人格力量，形成校长自身的才智机智、风度气度，就会散发出巨大的吸引力、亲和力、感召力，以及凝聚师心、号令团队、引领发展的魅力。

校长应努力练好"走"功

在现代学校管理中,校长扮演并担当着多重的角色,既是人之师、师之师,也是学校的管理者、教育的领导者。校长如何不辱使命,出色地履行职责,我以为,练好"走"功最重要。

第一:要走下去

校长的根之所在是老师,校长最亲近的是老师,校长最大的依靠还是老师。

从老师中来,到老师中去。因此校长不能把自己当作官老爷,也不能高高在上,更不能一味在那里发号施令,而是要俯下身子,深入基层,走到教师中,以情换情,将心比心,和教师打成一片,了解他们的困难,倾听他们的心声,解决他们的问题,以最大的向师亲师,激发与激励教师教书育人的积极性和创造性。

学生是教育的对象,更是校长办学的归宿和着力点。校长在走近教师的同时,还要走近学生,走进学生心灵,把学生当学生,把自己当学生,尊重学生,亲近学生,和学生交朋友,知道学生所想所需所盼。

教育的主阵地是课堂,当下教育最大的问题也在课堂。校长更需要走进课堂,关注课堂,研究课堂,明白当下课堂究竟发生了什么,和老师们一道共同生成有效课堂。在这一过程中，让自己成为课堂的行家里手和真正的教学领导者。

第二：要走上去

走上去，不是走上层路线，也不是讨好谄媚，谋求个人升迁。

出力还要给力，努力更要借力。好风凭借力，送我上青云。凡成大事者，都是借力的高手。校长最重要的一个工作策略和方法，就是要学会借力，善于借力。

上级部门有很多资源和政策，资源和政策会垂青于有准备之人。走上去，就是要着眼长远，盯紧高处，做到目中有领导，心中有自尊，行中有分寸，用对教育的一腔热血，对办好一所学校的无限虔诚，给上级部门以真情感化，以赢得更多更大的支持。

第三：要走出去

他山之石，可以攻玉。读万卷书，行万里路，阅人无数，还要他人指路。

校长走出去，就是不闭关自守，不局限于校园，要走出校门，领略万千气象，感受天外有天。

校长走出去，就是要在行走中学习，在行走中开阔眼界，拓宽视野，调整思维，变革理念，不断提升品位和格局。

校长走出去，就是要在多方的协调交流中，广为借鉴，吸其所长，补己之短，少走弯路。

校长走出去，就是要在拜访互访中，眼观六路，耳听八方，寻觅真经。

第四：要走进去

就是走进书本，走近大师，与书本为伍，和美好相遇，同先哲、志士仁人对话。

学校是读书的地方，校长首先应该是读书人。人们常常把孩子们"去上学"，通俗地说成"去读书"。读书，是学校应有的样态；引领师生读书，应该是校长的根本职责与使命。

什么是好的教育，好的教育就是一所学校有一个喜欢读书的校长，带领一批喜欢读书的老师陪着孩子们一起读书。

一个智慧而有责任的校长，应该带头走进书的世界，沉浸在书的天地，用自己浓厚的读书兴趣，良好的读书习惯，坚持不断地读书，用自己所营造的自由的读书条件，宽松和谐的读书环境，书香味浓郁的读书氛围，影响师生，让师生都有勇气拿起书本，在书海中徜徉遨游，享受书籍带来的哲趣与曼妙。这样的校长，则功莫大焉！

遗憾的是，很多校长常常以工作忙，没有时间读书为托词。果真就这样忙，忙到连读书的时间都没有吗？

看看我们身边的不少校长，成天迎来送往、交际应酬，然而对于读书却没有时间，岂不是弥天大谎？

教育是静的事业，静的艺术。更重要的是，校长一旦走进书本，便远离了喧嚣浮躁，也便自然拥有了宁静，拥有了自己的瓦尔登湖，拥有了心灵的地下室。

校长因此也有了静静地思考教育现象、琢磨教育问题、揣摩学校发展的可能。

第五：要走回去

不少教育人只知道匆匆上路，却不知道为什么出发，要到哪个地方去，以至于教育在反教育的路上越走越远，这是教育的急功近利。

一个有良知的校长，这个时候，就应该放慢速度，停下脚步，回首过往，检视自己的教育得失，审视自己的教育行为，校正自己的教育方向，让教育回家，回到那样一个充满着温馨、弥漫着温情、荡漾着温暖的家园；让教育回归，回归教育的初心与朴素，回归教育的本原与本真，回归教育的常识与常态。

校长练足了"走"功，校长的管理便会得心应手，游刃有余，一所师生们喜欢并留恋的学校，便会呼之欲出！

不妨做个"懒"校长

一个大学的生物研究小组通过长期观察，发现在一群蚂蚁中，大部分蚂蚁都在争先恐后地寻觅食物，忙个不停，从不停歇，特别勤快；相反，有少数几只蚂蚁整日东张西望，一点活也不干，给人的感觉是"游手好闲"，无所事事。

人们将这几只不干活的蚂蚁称作"懒蚂蚁"。为了研究它们在蚂蚁中的地位和作用，生物学家在它们身上标上记号，然后捣毁蚂蚁窝，断绝所有食物来源。之后生物学家发现，那些勤快的蚂蚁一筹莫展，不知所措，而"懒蚂蚁"却从容镇静，它们有序地带领伙伴们向事先观察的新食物地转移。

随后，生物学家又把这几只"懒蚂蚁"抓走，他们发现所有的蚂蚁又乱作了一团。把那几只"懒蚂蚁"放回去后，整个蚂蚁群又变得有组织、有纪律、有秩序，很快便恢复到了正常状态。

"懒蚂蚁"看起来无所事事，但是它们善于观察、善于分析，能够把握当前的行动，能够预知事物未来的发展方向，能够未雨绸缪，有所准备，及时防范，在非常的时候保持冷静，指挥有序，坦然应对，这是那些勤快的蚂蚁所不能替代的。

学校管理中，有的校长就像勤快的蚂蚁一样，事无巨细地忙，却缺乏对事前的谋划，过程的观察，形势的把握，结果的反思，整天忙忙碌碌，最终却忙而无效，劳而无功。

相反，有的校长却如同"懒蚂蚁"一样，他们看起来懒散，若无其事，很轻松，却深谙管理之道，明白自己的职责，知晓自己的使命，他们只抓关键事，只做自己应该做的事，他们把主要精力放在了对宏观的驾驭上，对局势的洞察上，对未来的研判上，对团队的引领上。

一个优秀的校长应该成为这样的"懒蚂蚁"。

要成为"懒蚂蚁"，校长必须是个观察者。作为观察者，校长就应该善于"察言观色"，见机行事，见微知著，明辨是非，审时度势，一切尽在把握中。

如果校长成天陷于具体事务，不能静下心来洞察外部的环境变化，洞悉内部的人际关系，了解分析学校运转状况和发展情况，就不能跳出狭窄的视野，发现存在的问题，捕捉发展的机遇，也就不可能有效应对形势的变化。

要成为"懒蚂蚁"，校长必须是个思想者。有人说，当今世界的竞争，取决于脖子上那一颗脑袋。"懒蚂蚁"懒于做事，却勤于思考、勤于琢磨、勤于揣度、勤于研究。

校长如果只低头拉车，却不抬头看路；如果只埋头苦干，却不认准方向；如果只顾扛着工作重轭前行，却不寻找捷径；如果只为达成目标拼死拼活，却不研究方式方法；如果只是一味应试，却不思考教育本质，则只会事倍功半，甚至越"勤"，带来的破坏力越大。

一个校长的工作成效，不在于每天忙到几点，也不在于他做了多少事，而取决于他做了什么事，用什么方法做事，带领团队做了多少事。

要成为"懒蚂蚁"，校长必须是个领导者。校长虽然既是管理者，又是领导者，但我以为，校长首先应是领导者。

单纯的管理，只是停留于按部就班，简单控制，权力支配，常规执行上。而"领导"的本义却是带领与示范，引导与感召，鼓舞与推动，激励与教练。

校长作为领导者，不是包揽一切，而是抓大放小；不是深入其中，而是居高临下；不是就管理言管理，而是发挥好灵魂和核心作用，运用愿景、文化、价值观为团队营造一种温馨而和谐的氛围。当团队遭遇挫折和打击时，能够昂扬精神，激发斗志；当团队面对危机和风险时，能够冷静应对，扭转局势；当团队发展顺利和如意时，能够居安思危，看到潜在的隐忧。

一位好校长要善于做好领导，而不仅仅是做点管理；要善于当一个领导者，而不能仅仅局限于当一个管家。

有一位德国将军曾对军官做了如下分类：聪明的、愚蠢的、勤快的、懒惰的。他认为，每个军官至少要具有这四类中的两种品质，那么那些聪明而勤快的人适宜担任高级参谋，那些又蠢又懒的人可以被支配遣用，那些聪明而又懒惰的人适合担任最高指挥，对于那些愚蠢而勤快者，太危险了，应立即开除。

对于任何一个组织，勤者与懒者都是不可少的，但组织的生存法则，最终需要有人去思考，去决策，去掌舵。校长的职责所需，让校长应该成为"聪明而又懒惰的人"，校长要学会偷"懒"。

这种"懒"，不是不务实，不勤勉，也不是不作为，不闻不问，袖手旁观，而是一种工作状态，一种管理技术，一种领导艺术，一种人生的智慧！

校长作为一校之长，要规划学校发展，营造育人文化，领导课程教学，引领教师成长，优化内部管理，调适外部环境，要用自己的智慧和影响去驱动学校这艘航船，乘风破浪，一往无前，我们提倡校长要学会偷"懒"，做一个"懒"校长，但是"懒"校长是永远"懒"不得的，只不过"懒"的是手，"勤"的是心！

校长要善于呵护教师热情

日本松下电器总裁松下幸之助的领导风格是以骂人出名，但他也以爱护员工著称。

有一次，松下幸之助对他公司的一位部门经理说："我每天要做很多决定，并要批准他人的很多决定，实际上只有40%的决策是我真正认同的，余下的60%是我有所保留的，或者是马马虎虎过得去的。"

经理大感不解，作为总裁，凡是遇到不满意的事情，完全可以否决了事，为什么还要留下情面，违心地去认同呢？

松下幸之助说："在管理中，你不能对任何事都说不，对于那些你认为大体过得去的事情，你可以在执行的过程中指导他们，使其回到你所预期的轨迹。一个领导人有时应该能接受他所不喜欢、不十分满意的事，因为任何人都不喜欢否定，他们的工作热情和积极性应该被保护。"

热情既是一个人从事创造性劳动的原动力，又是一个人履行责任，承担使命的内驱力。

教师对于教书育人的热情，对于自身专业成长的热情，是一所学校最核心的教育资源，也是发展学校最强大的力量，更是校长所拥有的一笔最宝贵的财富。

一个智慧的校长对于教师的热情，他会像呵护自己的眼睛一样，百般地呵护，也会像珍惜自己的生命一样，格外地珍惜，但是有的校长不注意这一点。

一个勤于笔耕的年轻教师，拿着发表了的文章兴奋地来到校长办公室，本想同校长分享这份喜悦，校长却不阴不阳地对这位年轻教师说："这有什么，不就是发表了一篇文章吗？"这位年轻教师碰了一鼻子灰，气愤地转身而去，校长还继续补刀："年轻人，要务正业，要把心思和精力用在提高分数上。如果大家都去写文章，教学质量怎么上得去？"

另一所学校的一个教师平时善于琢磨思考，针对"双减"下的教育，学校应该做出哪些改进，课后服务应该怎样开展，作业设计应该怎样优化，通过梳理后形成了一份建议，想利用课间休息时间给校长做一汇报，岂料还没等这位教师开口，校长就劈头盖脸地把这位老师吼了一通："做好自己分内的事，不要咸吃萝卜淡操心，这些用不着你管！"

可以想象，校长的态度和做派会给这两位老师带去多大的打击。可以肯定的是，他们今后再也没有动笔写作和提建议的热情了。

有一位表演大师，在上场之前，他的弟子告诉他鞋带松了，大师点头表示谢意系好了鞋带，等这位弟子走后，他又把鞋带解开。

一个旁观者看到大师的举动，很不理解，便问："大师，你为什么把鞋带系好后又松开呢？"

大师回答说："我在这戏里扮演的是一个长途跋涉者，松开鞋带，表示赶的路程远，而且十分疲惫憔悴。"

"那你为什么不直接告诉你的弟子呢？"

大师耐心作答："他能细心地发现我鞋带松了，并热心地告诉我，对这种热情我要给予保护，我不能让他有失望的感觉。"

教师的热情，就像火苗一样，浇灭它很容易，只需要一股风，但要让它燃烧成熊熊大火，辉映苍穹，就还需要校长心灵的慰藉，情感灯油的注入。

教师做出了成绩，你给予及时鼓励；教师有些什么闪失，你给予最大包容；教师遇到工作迷茫，你尽可能给予引导；教师面临具体困难，你给予力所能及的帮助，在这种情况下，教师才会满腔热血，充满激情地投入工作，浑身上下有着使不完的劲，他们才更会以主人翁的姿态，兢兢业业，任劳任怨，为学校的发展贡献才智。

第二次世界大战期间，受经济危机的影响，日本一家公司濒临倒闭，经理为了让公司起死回生，走出困境，决定将清洁工、司机、保管员裁掉，于是分别找他们谈话。

清洁工说："我们很重要，没有我们打扫卫生，哪有洁净优美的工作环境？"司机说："我们很重要，没有我们，怎么能把产品销往市场？"保管员说："我们很重要，没有我们，公司里的物品岂不被流浪街头的乞丐偷光？"

经理权衡后，决定不裁员，叫人书写了一块"我很重要"的大匾悬于公司门口，每天职工上下班，第一眼看到的就是这四个字。短短几个字，却极大地激发了员工的工作热情，鼓舞了员工的士气，公司迅速崛起。

教师的工作热情就像蕴藏丰富的矿藏，一旦开发就会发挥无穷的力量。一个优秀的校长，他不仅要会呵护教师的热情，还会像那个大师和经理一样，调用一切手段，去激发教师的热情。

比如，以目标鼓舞教师斗志，用激励振作教师精神，靠信任唤醒教师沉睡的潜能，把赞美的阳光洒进教师的心灵……

作为校长，教师的热情，你可以呵护，也可以毁掉，这全取决于校长对教师与教育的情感和态度！

细节造就完美校长

一家大公司里有一位专门负责给客商订票的小姐,一次,她给德国一家公司的经理购买了往来于东京、大阪之间的火车票。

不久,这位经理发现了一件趣事,每次去大阪时,他的座位总是紧邻列车右边的窗口,返回时又总是在靠左边的窗口。经理问其缘由,小姐笑着回答说:"车去大阪,富士山在你右边,返回东京时,富士山在你左边,我想,外国人都喜欢富士山美丽的景色,所以我给你买了往返都能看到富士山的座位。"

就是这样一个不起眼的细节,让这位经理很受感动,他于是把与这家公司的贸易额提高了十倍。

"泰山不拒细壤,故能成其高;江海不择细流,故能就其深。"《道德经》也说:"天下难事必作于易,天下大事必作于细。"

细节无小事。许多不起眼的小事情,往往会蕴藏着成功的必然。细节的力量是无穷的,细节决定成败,细节凝结效率,细节产生效益,细节预知胜负,细节足见风骨,细节凸显操守,细节关乎命运。

拿破仑曾说过:"从成功到灾难,只有一步之差,我的经验是,在每次危机中一些细节往往决定全局。"

要让时针走得准,必须控制好秒针的运行。管理的精髓就是做好每一件小事,管理好每一个细节。正如"商业教皇"布鲁诺·蒂茨所说:"一个企业家要有明确的经营理念和对细节无限的爱。"

细节管理得不好，大事也难以管好。一个连简历都管理不好的人，是管理不好一个部门的。一个连厕所、食堂都管理不好的人，是管理不好一个企业、一个单位、一个团队、一所学校的。

过去我从事区域教育管理时，到了一所学校之后，往往首先看的是"两神""两个地方"。"两神"指的是教师的精神、孩子的眼神。教师精神饱满，富有激情，孩子眼神炯炯，充满灵动，这个地方一定践行的是幸福教育，教育生态一定美好。"两个地方"指的是学校食堂和厕所，这两个地方干净、整洁、清爽，校长的管理一定是到位的。如果这两个地方邋遢不堪，校长哪怕汇报得头头是道，在管理上肯定是有问题的。

学校管理尽管千头万绪，但校长只要注重细节管理，凡事从细微之处入手，便能让学校管理顺风顺水。

一个优秀的校长，他从来不会对细节问题撒手不管；相反，他会特别关注细节，在细节上会投入精力，用上心思，追根究底，不忽视任何一点蛛丝马迹。

他深知，当今的学校管理，从战略上去角逐，也许没有明显优势，但是如果注意细节，在每一个细节上做足功夫，就可能建立"细节优势"，赢得发展先机。

他明白，真正影响成败的，很多时候，往往不是什么大事，而是看起来不起眼的"小事"，以及那些不为常人重视的细节。魔鬼常常存在于细节管理中。

细节造就完美的执行力，一个校长追求细节管理的深入、执着，既体现着校长的执行力，又彰显出校长的影响力与魅力。

有的校长工作草率，习惯于"画大字"，缺乏细节意识，疏于对细节的管理，而且常常振振有词："我只抓大事，抓全局，只把握方向，细节上的事，还要我亲力亲为，放不下手，那就太事无巨细了。"

其实，事无巨细，事必躬亲与注重对细节的管理，完全是两回事。"事无巨细，事必躬亲"，是职责不清晰而导致的管理越位错位，而我们所倡导的重视细节，强调的却是一种科学的精神和认真负责的态度，一种严谨的工作作风和细致入微的管理风格，一种追求工作完美的品质和把每一件简单的事做到不简单的境界。

1%的错误会导致100%的失败。成与败往往差得不远，就差在细节上，更多的时候就只差那么一点点，这一点点就恰恰是那些看得见、摸得着的细节。

前几天寄了两件快递，一件是寄给宁夏教育厅王老师的我的新书《面向"双减"的教育》，一件是寄给贵州威宁第一小学何迪主任的一盒我签名的书签。当时我给快递哥说，不能装错了。过去每次寄快递，我都会一一核验才放心。这次只有两件，我又打了招呼，心想应该没问题。

今天早上王老师告诉我："您是否把东西寄错了，我收到了一盒您的签名卡片。"糟了！担心的事情还是出现了！我忙向王老师致歉。

我从来没有出过这样的差错，是快递哥的马虎，也是我的疏忽。这种疏忽，没有抓住细小的环节，因而才铸成了如此之"错"。

我们关注细节，其实费不了多大力气，往往只需要我们多点细致，多点用心，多一道检查的程序。仅此而已，但就能少些闪失，多些完美，少些事故，多些动人的故事。

作为校长，既要抓"大"，又不要忽视"小"；既要"鸟瞰"，又要学会"俯视"；既要宏观，又要善于微观；既要面对"一万"，又要虑及"万一"；既要有豪迈粗犷之风范，又要有细微、滴水不漏之严谨。

校长如果能够把细节管理到位，那么就能既管好了学校，带好了队伍，又管好了人生，引领好了团队！

校长应成为时间管理高手

时常听到很多校长叫"忙"不迭，忙、忙、忙，忙得不可开交，忙得晕头转向，忙得不知所措，忙得几乎没有自己可以支配的时间。

大凡出现这种情况，十有八九是校长缺乏时间管理的艺术。

时间，对于校长来讲，不仅是生命的承载，更是构成管理活动，实现学校发展目标不可或缺的关键要素与重要资源。

校长管理学校，不仅要具备实践精神，还要学会时间管理。校长对时间的管理，体现着一个校长的思维方式、工作习惯和管理水平。

一个优秀的校长一定会注重时间管理，必然是时间管理的高手。

美国管理学家彼得·德鲁克曾说："认识你的时间，只要你肯就是一条卓有成效之路。"他还说，"领导的有效性基础，在于记录自己的时间，管理自己的时间，集中自己的时间。"

校长对时间的管理，实际上涉及两个方面，一是团队的时间，二是自己的时间。那么，怎样对这两方面的时间进行有效管理呢？

首先，要加强时间的规划管理

要做好以 3~10 年为幅度的时间战略管理，要做好以年、以季度为幅度的时间目标管理，要做好以月、以周为幅度的时间任务管理，要做好以日、以时为幅度的时间效率管理。也就是要对学校发展，包括自己的专业成长，做出长规划，中计划，短安排，对近期工作列出事务清单，行动跟进，心中有数，有的放矢。

| 其次，要加强时间的技术管理

同样的空间，放置东西的先后顺序不同，结果就大相径庭；同样的时间，工作安排的顺序不一样，结果也千差万别。对时间的技术管理，就是对所要完成的事情排列优先顺序，分清主次和轻重缓急，在有限的时间内优先处理重要的事情。

学校工作中每天都会有许多事情等着我们去做，也肯定会面临一些突发事件要靠我们去解决，如果校长成天陷于具体事务，发现自己天天都在处理紧急而不重要的事情，那表明你的时间技术管理出了问题。时间花在哪里，最终决定你会成为什么样的人。一个成功的校长往往会花最多时间在最重要的事情上，而不是在最紧急的事情上。

1×100 与 100×1 的结果都是 100，实际效果却大不一样，100×1 是"一个一百"，1×100 是"一百个一"。这就好比在一个地方挖一百下，有可能会挖出水来，而在一百个地方各挖一下，肯定挖不出水来。这也说明加强时间技术管理，集中精力做重要事情，是取得事业成功和学校长足发展的关键。

| 然后，要加强时间的控制管理

一寸光阴一寸金，寸金难买寸光阴。时间既是无价之宝，也是最公平的，更是无情的。光阴荏苒，时间易逝，因此校长应懂得珍惜时间，善于控制自己的时间。一方面要力戒拖延。拖延是时间的天敌，也是最大的恶习。有人将拖延时间比喻为"追赶昨天的艺术，逃避今天的法宝"，这很形象。在工作中，校长应养成雷厉风行、立说立行、当日事情当日毕的习惯。

"紧前不紧后"是一种力戒拖延的积极工作态度，这种态度能让校长对时间的把握游刃有余，永远有一种"走在时间前面"的感觉。《巴金森法则》中，有这样一段话："你用多少时间完成工作，工作就会自动变成需要那么多时间。"

另一方面要守时。守时是最大的道德，一个不守时的人，在信用度上肯定会打折扣。校长能够守时，不光体现自己的风范，关键是还会为教职工做出表率。

校长学会控制时间，还要懂得放权，善于授权，把校长的权力尽可能多地分解给班子的每一个成员，这样不仅能充分调动每一个人的积极性，而且能让校长有更多的时间和精力掌握规律，辨识方向。

| 最后，要加强时间的利用管理

要合理利用每一分钟时间。雷曼说："每天不浪费或不虚度或不空抛剩余的那一点时间，即使只有五六分钟，如用得正，也同样可以有很大的成就。"

利用时间除了安排好常规的时间之外，更重要的是利用好闲暇时间，人与人之间的差异，从某种程度上来说，就是对闲暇时间利用的差异。

校长应该充分利用闲暇时间，读书看报，了解时事，捕捉信息，熟悉理论，掌握政策，增强管理能力，提升管理水平，激发管理智慧；撰写管理日记，写作教育反思，及时记录自己的学习所得，思考所获，厘清思绪，形成自己的管理特色与风格；会休息，才会工作，有高质量的休息，才会有高效率的工作，校长每天还要安排锻炼身体和舒展心灵的时间，不能只把时间和精力完全用在工作学习上，而忽视了调适放松。

英国有个历史学家叫斯科特·帕金森，他分析了很多大型组织的"大而无当，毫无生气"后，得出了这样一个结论："事情的增加是为了填满完成工作所剩的多余时间。"他告诉我们，工作效率低，是因为我们给了这个工作太多的时间。

一个会利用时间的校长，上下班时间也可以成为他的个人时间。一边开车，欣赏沿途风景，一边利用车载功能，下载有声书，听书听讲座。就是在旅途，或在候机厅，或在动车上，或在飞机里，都可以见缝插针，或思考，或阅读，或写作。

一位管理学家说得好："一个学校管理得好坏，往往取决于校长的时间管理。"因此，校长一定要明白"时间的管理，是最有效的管理"，并高度重视，努力让自己成为时间管理的高手，只有如此，才能不负众望，出色地完成校长的光荣职责与神圣使命。

第四辑
管理与技能

好的机制，就是好的管理

管理的要素很多，我以为，一切皆以机制的创新为前提。好的机制，就是好的管理。可以说，管理上的所有问题，包括棘手的难题，都可以通过创新机制加以解决。

军方要求降落伞合格率从 99.9% 达到 100%，厂商强调难处，说这是无论如何也办不到的事情，军方决定交货前随机挑出一个降落伞，让厂商从飞机上试跳，从此厂商再也不讨价还价，100% 的合格率问题得到了彻底解决。

在校长的所有创新中，机制创新是最关键的，因为其他任何创新都是以机制创新为基础，只有在学校中建立一种有效机制，才可能激发每一个人的潜能，形成浓厚的教书育人、勤勉奉献的氛围。

管理学大师彼得·德鲁克曾说："管理的本质，就是激发和释放每一个人的善意。"校长的管理，首要的任务就是创新机制，激发教职工的潜能，创造价值，让他们的工作自主、自动、自发，变得有价值、有意义。

一些学校，工作多年没有变化，教职工纪律涣散，缺乏工作热情，甚至职业倦怠严重，可以肯定是机制出了问题。

这个时候校长需要立即着手考虑的是，如何通过健全机制，创新机制，激活一池春水，为教职工赋能，以充分调动他们工作的积极性、主动性和创造性。

人的潜能是无限的，教职工被赋能了，激情有了，学校的办学目标怎么会不实现？教职工怎么还会动力不足、厌倦职业呢？

最好的管理来自机制，但是机制再好，都有可能不能适应新的形势与变化，因而需要对机制不断完善，不断调整，不断创新。

猎人养了几条猎狗，为了让它们捕到更多的猎物，猎人想出了一个办法，规定凡是抓到兔子的，就可以得到几根骨头，抓不到就没有饭吃。这一招果然奏效，猎狗纷纷地去追兔子。

过了一段时间，猎人发现猎狗每天虽都能抓到七八只兔子，但兔子个头越来越小，因为猎狗们认为捉到大兔子和捉到小兔子的奖赏差不多，显然捉到大兔子要费力些，谁又愿意去抓大的呢？

猎人于是改进了办法，按照兔子重量计算猎狗的食物，于是猎狗们捉到的兔子数量和重量都增加了。

又过了一段时间，猎人发现邻居家猎狗抓的兔子总比自己家多，原来邻居家把猎狗分成几组，让能力强的帮助能力差的，而且每组之间还分工配合。猎人又变革机制，实行强弱结合，以强带弱。

然而不多久，猎狗抓兔子的业绩突然下滑了，猎人了解情况后，知道是猎狗在考虑养老问题，猎狗以为现在年轻可以抓兔子，可以吃骨头，等以后上了年纪，还有谁会管呢？

猎人便又从养老保障机制上做了完善，规定凡是在年轻时能够抓到多少斤兔子，到了年纪大的时候，同样可以得到一定数量的骨头。猎狗的积极性便又高了起来。

校长在管理中，对于学校的管理机制，一旦发现漏洞或缺陷，就应该针对新变化，不断完善与改进。比如，过去激励教师，调动教师积极性，可以给教师发奖金、发物资，然而进入新常态，不能发奖金、发物资了，我们就应该改进激励机制，从精神激励、思想引领、搭建专业成长平台等方面去不断创新激励机制。

在"双减"下，教师工作时间变长，如果仍像过去那样对教师实行坐班制和点位管理，显然不合时宜，学校应该创新与完善弹性上班机制。对老师上班实行弹性管理，既可以有效缓解教师的工作压力，又可以给予教师更多属于私人的自由时间，让教师灵活地安排自己的时间，在兼顾家庭的同时，保证有更多的精力投入到教学工作中去。

　　校长在机制上多琢磨，多用心，便能收到奇效！

学校管理重要的是情绪管理

骡子吃苦耐劳,能驮运笨重物品,但它的脾气很糟糕。

骡子一旦要起脾气,它的四脚就会像钉子一样,牢牢地固定在地面上,任你怎样鞭打,它仍然是一丝不动。

一个老和尚和一个小和尚在让骡子驮运货物时,就遇到了这种情况。

小和尚看到骡子耍脾气,不肯迈步子,便把鞭子举得高高的。

老和尚赶紧制止说:"不能这样,这样只能使它犟得更厉害。"说完便从地上抓起一把泥土塞进了骡子的嘴里。

小和尚好奇地问:"是不是骡子吃了泥土,就不闹情绪,会乖乖地往前走呢?"

老和尚摇头道:"不是把泥土吃了,而是把满嘴的泥土吐干净,然后才会往前走。"

小和尚感到很诧异。

老和尚解释说:"骡子吐泥土,就会忘记刚刚生气的原因,这种给骡子嘴里塞泥土的办法,实际上是转移它的注意力。"

学校是师生心灵偎依、实现生命意义的地方,是师生放飞梦想、展示才华、演绎人生梦想的地方,是创造未来、生成幸福的教育生活的地方,当然,这里也是一个充满生命气息、荡漾人性温暖、弥漫师生情绪的地方。

情绪,人皆有之。情绪是学校管理中一种重要的资源与资本。

一般而言，对学校创新和发展会有积极的情绪，也会有各种消极的情绪。积极的情绪像火一样，能点燃教职工的工作热情，激发教职工的工作潜能。如果我们仔细研究一下一些成功学校的管理经验，就会发现在优秀的学校文化氛围中，都是充满了积极的情绪；而消极的情绪会使教职工缺乏信心，丧失斗志，萎靡不振，让学校陷入失败的泥淖。

积极的情绪固然是满满的正能量，是学校发展持续的动力和巨大的财富，但情绪是此起彼伏的，有积极的情绪，也必然会有消极的情绪。消极的情绪是人类情感正常的、合理的、不可分离的组成部分。它不仅具有破坏性，许多时候也可能是一个迈向更高境界的踏板。

有关研究表明，如果教师不能宣泄不良的情绪，不仅会影响自己的身心健康，还会影响他教育、教学的输出能力，影响课堂教学质量，影响对学生的正确评价，影响师生之间的良好关系，等等。

因此，作为学校管理者，对于教职工的消极情绪，需要做的不是回避它，而是充分利用它，从消极情绪中发现隐藏在学校制度或管理中的顽疾，使之能够不断改进，从而让其最终发挥积极的作用。

这就涉及情绪管理的问题。情绪管理对学校管理者来说，既是一种管理艺术，又是一门领导学问。一个优秀的学校管理者应该具有较强的情绪管理能力。

| 首先，他善于管理自己的情绪

他会明白，一个管理者情绪的好坏，会影响教职工的情绪，甚至会影响到整个群体的氛围。因此，作为一个管理者，他当然知道自己也是人，也有人之常情，亦有喜怒哀乐，但他会始终记住自己是领头人，是老师的老师，是老师的精神领导者，是老师的主心骨，他的情绪不再是个人的私事，而是一种公共资源，一种领导气度，一种管理的技巧。

他更会明白，自己的情绪一旦随意表露，就会成为晴雨表，像传染病一样，传染给每位教职工，这样既会失去一个管理者的应有风度，又会影响教职工的情绪，给团队造成损失。

一个成功的管理者他会善于认识和分析自己的情绪，善于控制和调节自己的情绪，也会善于转移和化解自己的情绪。

在中国历史上，这方面的成功事例很多。最著名的当数诸葛亮的空城计了。司马懿十五万大军压境，而诸葛亮却只有几千士兵守城。此时诸葛亮坐在城头，焚香抚琴，镇定自若，让老谋深算的司马懿没看出半点破绽。假如此时的诸葛亮方寸大乱，不能控制自己的情绪，并通过自己的举止把慌乱紧张的情绪传递给守城士兵，那肯定会遭遇覆灭之祸。

其次，他善于体察教职工的情绪

作为学校管理者，他会对教职工情绪做到心中有数，而且对于教职工的情绪波动，他不会漠视不管，也不会靠权力压制，他知道这样会使教职工情绪更不稳定，势必会带来潜在的危机。他会找准原因，因人施策，有针对性地进行调适，理解为先，从教职工的立场出发，从教职工的心理状态入手，帮助教职工稳定情绪，调整好心态。

人的情绪稳定，一切平顺的时候，鲜花和笑脸可能不能带来太大的效果；而人在情绪波动、遭受不如意时，一句暖人心的话却可以使人永生难忘。

再次，他会积极营造良好的情绪氛围

组织情绪是整个组织所表现出来的一种能带给教职工心理反应的氛围，整个组织的情绪会改变单个教职工的情绪。同时，教职工的情绪是相互影响的，一个员工的不良情绪可能会带来一系列连锁反应，造成组织中群体的消极情绪。

因此，一个智慧的学校管理者，他会不遗余力加强学校团队文化建设，尽最大可能营造温馨的工作环境，构建温暖的人际关系，创设一个宽松的情感交流空间。比如经常举办教职工沙龙和定期的娱乐活动以增进教职工之间的情感交流，聘请情绪指导专家或心理医生，以帮助教职工放松工作中积累的紧张情绪等，从而使整个学校组织有一个良好的情绪氛围。

只有全体教职工能形成良好的情绪互动时，才能以情绪带动情绪，以情绪带动潜能，以潜能的发挥创造高效的工作业绩。

管理之道，纵然很多，但我以为，情绪管理乃管理之本，学会了情绪管理，便能驾驭管理，深谙管理之精髓！

学会把鲜花送给身边的每个人

读到一则小故事，觉得很有趣。

说的是一只小蚂蚁在河边饮水，一不留神掉进了河里，求生的本能让它使出浑身解数，用尽所有力气，但都没能游上岸。

在河边觅食的一只大鸟看见了，觉得小蚂蚁很可怜，便衔来一根树枝伸向小蚂蚁。小蚂蚁借助树枝，爬到了岸上。

小蚂蚁躺在草地上，正在为刚才的事而惊魂未定时，一阵脚步声惊动了它，一个猎人轻轻走过来，端着猎枪正向大鸟瞄准，原来猎人要射杀那只救过自己命的大鸟。

小蚂蚁毫不犹豫地爬上猎人光着的脚，钻进他的裤管，就在猎人即将扣动扳机的那一瞬间，小蚂蚁使劲地叮了猎人一下，猎人一分心，子弹打偏了。

就在枪声响起的时候，大鸟受到惊动，展翅高飞啦。

这则小故事告诉我们，做人要与人为善，多做好事，好人必有好报。而从管理学角度去看，则体现的是一种管理法则和管理艺术。它启迪管理者，团队中的每个人对团队的发展都有着积极的作用，要重视和善待团队中的每个人，绝不可忽视团队中的任何一个角色。

成语故事"鸡鸣狗盗"，妙趣横生而又耐人寻味：以善养门客著称的孟尝君在生死攸关之际，依靠鸡鸣狗盗之力，逃过了一劫。

在现代人看来，"鸡鸣狗盗"之徒不足为道，甚至有些人还不齿于孟尝君，认为他和鸡鸣狗盗之徒为伍，不是个优秀的管理者。然而，今天我们从团队人员各司其职，各尽所能这一点来看孟尝君，又确实值得肯定。

孟尝君能够接纳每个人，善待每个人，关心每个人，能够充分发挥团队每个人的作用，以至于门客对他忠心耿耿，死心塌地地为其卖命。一些看似只会鸡鸣狗盗的平庸之辈，在关键时刻却能站出来，一展身手。团队和谐融洽，才能够为达成目标发挥出百分之百的力量。

我由此想到了学校的管理。一所学校的发展与成功，是全体教职工发挥聪明才智，齐心协力，风雨同舟的结果。包括学校的保安、清洁工、炊事员、宿管员，他们都在各自岗位上履职尽责、默默奉献，功不可没。对于学校中的每个人，我们都要重视，而不可忽视。

如果学校管理者忽视他们的存在，对他们不闻不问，对他们区别对待，就不要指望他们能心甘情愿地追随，全身心投入工作。当然，更不要寄希望于他们能够在非常时候挺身而出。

我所了解到的，有的学校对有来头的、资格比较老的同志，尊重有加，关怀备至，而平日对学校里那些所谓的"小人物"，动辄指手画脚，颐指气使，急躁起来甚至把他们当成出气筒，这其实既是一种待人的不公，又是团队建设的一大障碍。

那些优秀的学校管理者就不一样了，他们知道，管理是一门学问，也是一种艺术，这门学问就是用人的学问，这种艺术就是用人的艺术。他们清楚，学校管理其实就是人的管理，就是怎样调动每个人的积极性，就是怎样让每一个被管理者都能以一种积极的心态接受你的管理，全身心地投入工作。

他们明白，学校就好像是一部灵活运转的机器，学校中的每个人就是这部机器的零部件。零件虽小，但哪怕是一颗螺丝钉，都是机器正常运转不可或缺的部分。如果缺失了零件，哪怕是一颗小小的螺丝钉，机器都可能会出问题，导致不能正常运转。

他们懂得，善待学校的每个人，特别是善待那些"小人物"的重要性。

或许对他们只是多了一声问候，一句关切的话语，一个肯定的眼神，一次展示的机会，他们便可能记在心里。他们可能会更加兢兢业业，勤勤恳恳地工作。

他们更深谙，在职场中，一些"小人物"也可能扮演着"大角色"。在这些人群身上不经意的投入，却有可能带来意想不到的连锁反应，甚至在学校转折的关键时刻，帮你力挽狂澜；在你人生面临失意或困境时，帮你绝处逢生，渡过难关。

更何况，我们身边的很多"小人物"，虽然他们干的是极平凡而普通的工作，但其中也不乏人才，如果及时发现，加以信任，用其所长，他们同样可以干出优异的成绩。

《孟子》中说："舜发于畎亩之中，傅说举于版筑之间，胶鬲举于鱼盐之中，管夷吾举于士，孙叔敖举于海，百里奚举于市。"作为学校管理者一定要记住，在为你身边的人送鲜花的时候，千万不要忘记那些"小人物"。说不定有那么一天，他们会在某个重要节点，成为影响学校发展的"大人物"。

要首先引起别人的渴望

驴子与狗结伴而行，途中发现地上有一个精致的信封。驴子捡起来，取出信纸，随口而念，内容是干草、大麦、糠麸之类的。狗听到这些，很不高兴，急切地对驴子说："驴大哥，快往下念，看有没有肉与骨头。"

驴子把信读完，信中却只字未提狗所想要的东西，狗便生气地说："都是些无聊的东西，把它扔掉吧！"

驴子有驴子的需求，狗亦有狗的需求，同样，人也有人的需求。只不过，人的需求是错综复杂、多种多样的。按照马斯洛的需求层次理论，人除了最低级别的生理需求外，还有安全需求、社交需求、尊重需求，以及最高级别的自我实现需求。

人都是为了满足自己的需求而去行动，需求是人的积极性的内在动力。哈雷·欧佛斯托说："要首先引起别人的渴望。凡能这么做的人，世人必与他在一起，这种人永不寂寞。"

校长作为学校的管理者，其责任和使命就是激发和调动教职工的积极性，使他们达到你想要的工作状态和效果，成为你所希望和期盼的那种人。这就要求校长必须了解教职工，了解他们的行为动机，了解他们的真实需求。当你了解了教职工的真实需求后，就比较容易理解他们的行为，也就能够有的放矢地激发他们的工作动机，点燃他们的工作热情。

"雪中送炭"之所以能让人感动万分，原因很简单，那是因为送出去的

"炭"恰是大家之所需。试想，如果雪中送去的是"冰"，或是"霜"，那还会令人感动吗？

校长要了解和把握教职工的真实需求，一方面要细心观察。一个人渴望得到什么，有什么需求，会通过言谈举止表现出来，只要用心，仔细留意教职工的情绪和精神状态的变化，就能够准确地了解教职工之所需、所急、所盼。

另一方面要换位思考。"己所不欲，勿施于人。"校长要善于将心比心，具有共情心理，学会换位思考。也就是说，校长要站在教职工的角度来考虑问题，了解他们所处的环境和他们的真实感受。同时要加强与教职工的交流与沟通。要与教职工建立起直接顺畅的沟通渠道，通过沟通，悉心洞察他们的真实愿望。

在教职工的众多需求中，校长固然要关注教职工的物质层面的需求，安全保障、人际交往方面的需求，但更应该关注他们的心理需求和自我实现的需求。

人都渴望被认可，被肯定，被信任，被尊重。

认可是零成本的激励，校长对教职工的一个问候的电话、一则祝福的短信、一个拍肩的动作、一束相送的鲜花，往往远比重金奖赏管用得多。

肯定是洒向教职工心灵的阳光，是送给教职工最好的礼物。

信任充满着智慧的光芒，信任比黄金重要，人在受到信任时，一般会产生一种快乐和满足感。校长对教职工给予信任，教职工会以更加努力的工作状态和更大的工作业绩，回报校长，回报学校。

尊重乃最大的动力，尊重的需要一旦得到满足，能使人对自己充满信心，对工作满腔热情。校长对教职工应充分尊重，尊重他们的人格，尊重他们的隐私，尊重他们的个性，尊重他们的每一分劳动。校长尊重教职工，教职工自然就会尊重校长、尊重学生、尊重手头的工作。我有一个基本判断，教职工是否真心实意与校长共事，关键取决于校长是否尊重教职工。

一些教职工认为工作是单调、枯燥且乏味的，这也是当下他们容易产生职业倦怠的一个重要原因。但是如果校长能够激发他们的职业热忱，帮助他们探寻到职业的乐趣，并通过搭建专业成长平台，发挥他们的专业作用，在让他们享有应有的专业尊严的同时，实现人生价值，担当社会责任，教职工就会把普通的职业，当成一种志业，一种命业，全身心投入其中。

享誉世界的著名企业家卡尔森有句名言："一家企业的总经理同一位政治家差不多，都有选民。公司的选民——全体员工也许不会真的到投票处去投票，但是每个员工确实以兢兢业业或消极怠工的方式来参加选举。"其实，一所学校的校长也同一位政治家差不多，也有自己的选民，那就是教职工。他的教职工是以兢兢业业的方式来给他投票，还是以消极怠工的方式来给他投票，这完全取决于校长，就看校长能不能了解教职工的需求，能不能有效地对教职工以情感投入。

把"自己的油田"变成"员工的油田"

有这样一些学校，学校管理者常常忙个不停，也急得不行，但学校的教职工常常若无其事，散漫懒惰，学校的发展，好像与他毫无关系，他好似只是一个旁观者而已，对一切都持无所谓的态度，混一天算一天。

出现这种现象，我以为，往往是教职工还没有融入学校这个大家庭，没有成为学校真正的主人。

美国石油大亨保罗·盖蒂自己很敬业，却发现手下的员工对公司的事情及发展漠不关心，所养的尽是一群闲人。他便去请教一位管理专家，专家说："因为那是你自己的油田。"这之后，保罗努力让"自己的油田"变成"员工的油田"，这种闲人现象迅速绝迹，公司的石油产量大幅增加，最终形成了自己的石油王国。

作为学校管理者，应该花心思研究的是如何让教职工积极地投入工作，把学校当成自己的"家"，使教职工成为学校的主人，具有主人翁意识。

要达成这一点，首先，要懂得分享。分享是一种美德，一种博大的心境，一种管理的风范。人要学会分享，因为在分享的过程中，你就打开了自己的心扉，你就学会了包容与接纳，你就拥有了好的人脉，赢得了认同与赞誉。

学校管理者更应有分享的意识和智慧。与教职工一道，分享快乐，分享幸福，分享精彩的瞬间，分享成功的喜悦，分享发展的成果。在分享中，把教职工的心系在一起，把教职工的力量聚集在一起，把教职工的利益与学校的利益紧密地联系在一起。

其次，要平等地对待教职工。学校管理者与教职工，只是分工不同，岗位职责不一样，但是人格尊严是平等的，没有高低贵贱之分，每一个教职工理应受到礼遇与尊重。

对待教职工，应该亲切友善，态度随和，不摆架子，给予他们充分理解、信任与关心，要像对待亲人一般把温暖送到每位教职工的心坎上，使他们感受到学校管理者对他们的关心，最终以自己是这个大家庭中的一员而感到无比骄傲与自豪。

再者，要让教职工参与决策和管理。英国国会议员大卫·斯蒂尔说："为了使人敬业，众人合作，最重要的便是使每个人都感觉自己参与了事件的决策。"每一个教职工都希望自己在学校这个家庭里有参与权和发言权，他们一旦置身其中，就会把自己所在的团队和所做的决定看成是自己的，就会把所承担的工作看成是自己的事情，就会增强自己的义务感、责任感和使命感，就永远不会有"旁观者""局外人"的概念。

因此，学校管理应该充分发扬民主，一方面坚持校务公开，接受教职工的监督，让权力在阳光下运行；另一方面坚持民主决策，把管理者的决策变成教职工的集体决策，让"少数人说了算"变成"多数人说了算"，让"校长一人说了算"变成"集体说了算"。

还有一个重要方面，就是学校管理者平时讲话要尽量少用"你""我"，多用"我们"。虽是一字之变，却能让教职工感受到不分彼此和温暖热情，他们会觉得自始至终都是一家人、一个整体，团队中的所有一切都与自身利益有关。

记得有这样一个例子。一位老师在接了一个后进班后，开学第一天，便亲切地对同学们讲："有人说我们是差班，这是没有依据的，我们班很多同学都有特长，我们都要有当先进班的信心。"老师的几个"我们"，便把自己也融到了这个被人瞧不起的集体中，充满自卑感的同学从这暖人的情感中一下子振作了精神,充满了自信。

　　教职工一旦融进了学校这个大家庭,他就不会把上班仅当成"工作",而会把它当成一种"生活",教职工的工作潜力就能得到最大的发挥,工作激情就能得以最大程度的激发,自身价值也就能够得到最大实现。

拿出一点鲜活的"青草"

一位哲学家准备把一头牛牵进圈里，不管哲学家是在前面拉，还是从后面打，牛就是犟着不进去。哲学家似乎无可奈何！

这时，一农夫路过，看到这一情景，便笑着从路边捡起一把鲜嫩的青草，放在牛圈里面，牛乖乖地进去了。

在对待牛的问题上，哲学家永远不如农夫。因为农民懂牛，懂牛性，懂牛的需求。哲学家或许懂哲学，但在如何对待"牛"上，或许还差些火候。

牛如此，人亦然。人，不仅有生命，还有情感、有思想，不仅有各种内在需求，更有人格、有尊严。

在教育的行走中，我非常钦佩一些学校管理者，他们管理学校没有什么刷指纹、识脸，也没有什么生硬的规定、冰冷的制度、严苛的要求，而管理团队却同心同向，心有灵犀，配合默契，整个管理都张弛有度，游刃有余，教职工也心服口服，积极工作，学校各项工作更是有序推进，成绩斐然。

而有的管理者尽管在管理上制度没少定，办法没少使，心血没少付，甚至惩戒招数也没少用，团队却我行我素，离心离德，教职工更是人心涣散，纪律松懈，满腹怨言，学校工作也是难以推动，多年之后，学校面貌没有任何改观。究其原委，我以为，关键在于学校管理者看没看见人，眼中有没有人。

我经常说，管理不管大谈什么原理、什么道理，都无济于事。管理其实很简单，管理就是对人的管理，只要把人当人来看，当人来用，就是好的管理。

忽视了人的管理，什么招数、办法都没用，也不管用。

对于学校而言，我们的教职工是人，是有血有肉的人，他们有七情六欲，有喜怒哀乐，他们需要生活，需要养家糊口，他们不辞辛苦地工作着，也是需要以此换取经济、社会、心理上的种种需要。他们不需要学校管理者对他们格外恩赐，也不需要对他们特别奖赏，他们只希望能把他们当成一个活生生的人看待，能够享受到一个人应有的体面与尊严。

作为学校管理者，就应该尊重每个教职工，尊重他们的人格，尊重他们的权利，尊重他们的意见，尊重他们的需要，多听听他们的心声，多了解一下他们的真实想法，尊重是管理的基础；就应该关心教职工，关心他们的学习，关心他们的生活，关心他们的健康，关心他们的工作，关心他们的疾苦，关爱乃管理之根本；就应该换位思考，将心比心，共情与同理彰显管理的温度和力量；就应该激励教职工，做一只快乐的小蜜蜂，飞来飞去，采集花蜜，亲吻花蕊，激励是使个人、组织燃烧的最后一把火；就应该公正公平地对待每位教职工，公正公平是管理最核心的要义。

一所学校就是一个大家庭，温馨的家庭就是教职工生活的依靠，就是教职工幸福的摇篮，就是教职工最好的避风港。

人非草木，孰能无情。只要学校能真心实意地对待他们，体贴他们，保护他们，他们必定会更主动担责、积极作为，让家庭始终洋溢着蓬勃生机、幸福和美。

拿破仑在滑铁卢战役失败后，在流亡的小岛上总结失败的原因时，他根本没有谈战略、战术、武器装备等问题，而是意味深长地说："好久没有和士兵们在一起喝汤了。"

南风胜于北风，温暖胜于严寒。要使教职工积极配合学校工作，光强迫命令不行，仅靠行政手段也不行，一味采用高压政策、冰冷生硬的制度也不管用。其实，只要拿出一点鲜活的"青草"，献出一份真挚的情感，哪怕是和教职工一起"喝喝汤"，也许就能收到不一样的效果。

当然，这"青草"，不仅是物质上的，更是精神上的。还是那句话，你把教职工当牛，教职工自己就会把自己当人；你把教职工当人，教职工自己就会把自己当牛。

这应该是学校管理，不，不仅是学校管理，而且是适用于一切管理的真理！

第五辑
呼吁与呐喊

别逼老师"佛系"与"躺平"

广东的一位中学班主任，担任数学学科教学，班里一位男生，对于他强调了很多次的简单知识，竟然连错3次，这位老师便对这个男生半开玩笑地说，若第4次还错的话，就罚抄《中学生守则》100遍。这纯粹是一种戏谑与玩笑，老师根本不可能真的让这位男生抄。

没想到的是，当天晚上，男生的家长就在群里质问老师，为啥要罚学生抄100遍《中学生守则》。老师说出原委后，家长更生气了，指责老师说："你这是恐吓！"于是将老师投诉。

这位老师后来虽然在家长群里跟家长公开道歉，说自己确实考虑不周，言语有失，可依然被全校通报批评，而且学校还要求全校老师对照检查对学生"有无体罚、恐吓"。

老师被处罚后，回家被老婆大声呵斥："他不懂就不懂，你那么较真干吗？不会菱形性质的学生一大堆，你能全部教会吗？"

这位老师始终想不通的是，认真教学，严格要求学生何错之有？

为什么现在的"佛系"老师、"躺平"老师越来越多？为什么当下中小学教师职业热情、职业幸福感日益降低？为什么如今的老师对学生"不愿管""不能管""不敢管"？为什么目前青少年学生问题不少，心理越来越脆弱，违法犯罪的比例不断攀高？

在看了这样的事件之后，你可能就对其中的原因有所了解了！

教师，这个职业虽然只是三百六十行中的一行，平凡而普通，却是一个需要被尊重的职业。这种被尊重，尽管被列入"天地君亲师"儒家五种至尊伦常，尽管有"一日为师，终身为父"这种老祖宗留下来的至理名言，尽管以前古人拜师，都会在孔圣人画像前行三拜九叩之礼，但是我以为这其实并不一定就表明教师这个职业有多么神圣而崇高，而是关联于教育本身，关系着教育的权威，关涉着教育作用的体现与教育功能的发挥。

亲其师，信其道；尊其师，奉其教；敬其师，效其行。只有教师受到足够的尊重，享有教师应有的尊严，拥有为师者必须有的权威，学生对老师才有仰慕之怀，敬畏之心，尊崇之情，顺道之行。

很多学生，特别是低年级学生，认为学习是为老师而学的，如果一个老师在学生心目中有好感，有威信，有魅力，那么即使这个老师教学水平一般，也会令学生心服口服，在学习这门功课时，他们会特别专心，特别用力，自然就会把功课学得很好。

相反，如果家长对老师缺乏必要的理解与尊重，遇事不沟通，或唱反调，大闹校园，或四处投诉，到处告状，让老师名声扫地，威信尽失，那么此后老师会很难让他的学生信服与敬畏，学生也可能完全不把老师放在眼里，甚至不当回事。学生不把老师放在眼里，甚至不当回事，是最危险的。这表明老师对他已失去了影响力，教育对他已经没有什么效力了。

尊师敬教，作为中华民族的传统美德，看起来似乎是要求对老师的尊敬，其实落脚点在于对教育的敬畏；看起来好像是老师获得了实惠，其实最终受益的是学生；家长对老师的苛刻，表面看伤害的是教师的个人尊严，归根结底损害的是更多孩子与其家庭的群体利益。

好的关系就有好的教育。这种关系不仅仅是师生关系，也包括最重要的家校关系。

大凡家长与老师配合得越好，学校的教育才会更好，而家长如与学校老师不配合，那么在让老师难堪的同时，学校教育也不可能好。

要明白，严师出高徒，老师对孩子的严厉，是对孩子的负责，对教育的尽职；老师对孩子的放纵，那是对孩子的放弃，也是对本职工作的亵渎。

要清楚，孩子的未来，学校和老师固然起很大作用，但是家长的配合支持也至关重要。成就一个优秀的孩子，在学校和老师全力以赴的同时，更需要学校与家庭、老师与家长的共同携手与努力。

要懂得，老师是人，老师有他的情感取向，家长的态度，一定程度上会影响老师对待孩子的态度，对待教育的态度；老师不是神，尽管有师德的公正公道，相对于那些不把老师当老师的家长，老师更亲近与信任那些尊重、支持、配合他们的人，更愿意把更大的真诚、更多的心血与智慧倾注于他们的孩子，更愿意用"严厉"为三尺讲台守初心，持耐心，尽责任心，为教书育人做出生动的诠释。

要深谙，教育本身就是一项严肃的事业，需要和煦春风的拂面，也需要一点秋风的飒爽，抑或是需要点凛冽寒风的酣畅；教育更是一种特殊的艺术，需要爱心的温暖，人文的关怀，精神的抚慰，慈母般的呵护，更需要严格与严厉的约束；教育最理想的状态，就是刚柔并济，宽严有度，张弛结合。

请对老师多一点信任和理解，少一些苛责与为难，多一点支持和配合，少一些对立与刁蛮，多一点珍惜和尊重，少一些麻烦与添乱。

其实，家长善待孩子的老师，就是善待孩子，善待孩子的成长，善待孩子的未来，当然也是对自己最大的善待。

与老师掰手腕，即使是赢了老师，最终亏的是孩子，输的是自己；对学校教育找碴儿，即使家长占了上风，但最终影响的是孩子，受损的是这个家庭。

对老师的善待，不仅是针对家长所言，对于学校的校长、教育主管部门来说，更应该有勇气和底气给老师撑腰壮胆，主持公道，在一些奇葩的举报投诉面前，必须弄清真相，绝不能不分青红皂白，为了息事宁人，一味拿弱势的老师开刀，以牺牲老师的教育权和尊严为代价，换取所谓的"祥和平安"。

把戒尺还给老师，把应有的教育权赋予老师，保障老师正常的教育教学。

因为老师手中，握的是每一个孩子的明天，也握的是我们这个国家与民族的美好未来！

让教案的形式主义远离教育

有几个老师先后告诉我，他们学校要求教案中必须包括课题、教学目标、教学重点、教学难点、教具准备、教学流程、板书设计、作业设计、教学反思等，缺一不可，少了其中的某一项，都会视为不完整教案。有的学校对教案有字数要求，页码规定，要求每课时教案不低于多少字，不少于多少页。还有一些学校对教案常常进行突击检查，如果缺项、字数与页码不够，或者手写教案没有跟上教学进度，都会受到通报批评。更有学校将教案撰写情况与绩效考核、职称评定挂钩。

很多教师为了应对教案检查，为了教案而教案，每天要在此项上花很多时间，准确地说是从教参上、网上，乃至往年的旧教案上，去抄教案，拼凑教案。

一位老师对我说，他的教案书写工整，项目齐全，"内容"丰富，整洁美观，在检查时常常被圈定为"优秀教案"。然而他说，他的教案在上课时差不多都没用上，只是用来应付检查的一个摆设。

教案本是体现备课的一个载体，是课堂教学活动的依据，是教师智慧的重要成果。教师在授课前精心准备教案，是提高教学质量的前提条件。

没有规矩，不成方圆。作为学校，对教师写的教案提出要求，通过常规检查督促教师认真写教案，以达成标准，养成规范，这本无可厚非，但是把要求写教案和对教案检查异化为一种形式，则值得思忖和考量。

教案是为课堂教学服务的，教案质量如何，教师备课认不认真，用没用心，最终反映并体现在课堂上。我们苦口婆心要求教师认真写教案，兴师动众检查教师的教案，其最终的意图不是让老师把课上好，通过提高课堂教学效益来提高教育教学质量吗？

我们的一切美好愿望和初衷，其实一听课，就明白了。教师如果没有备课或者备课不到位，在课堂教学中会立刻显现出来；反过来，即使教案写得再具体翔实，洋洋洒洒几千字，从网上抄下几大篇，如果课堂教学不使用，或者课堂一塌糊涂，又能代表什么呢？

因此我以为，应该改革对教案的要求与检查方式，由单纯以教案来判定教师的工作态度改为走进课堂，通过听课、评课、议课，来看教师是不是用心思考、精心备课，是不是对课堂教学进行了有效设计、充分驾驭，是不是把"教案"充分施与课堂，是不是让"教案"体现出了充分的教情、学情，发挥出了最大的教育教学效果。这样不但可以保证教师课前备好课，写好教案，还可以保证教师不局限于教案，不受教案外在形式的束缚和影响，把更多的时间、精力用在对教材与教法、学生与学法的研究与探索上，用在对课堂与课程、课件与课具的琢磨和准备上，从而使教案真正成为上课的前奏与先导、前提与保证，而不至于成为一种形式，一种应付，让上课真正成为教案的诠释与演绎，拓展与升华，而不至于成为无本之木，空中楼阁。

当然，我们最终的目的，是能够使备课、教案、上课三者成为教育教学活动中有序渐进、有机融合的整体，以确保备课的针对性，教案的实用性，课堂的有效性。

教案只是老师的教学备注，在要求教师写教案上，不能搞"一刀切"，应该因人而异，更要根据实际需要而定。

刚走上工作岗位的青年教师，由于对教材、教学业务还不熟，可以要求他们写教案尽量做到项目齐全，内容具体，格式整齐，书写规范，促使其尽快入门，并养成严谨的备课态度；教学时间较长的老教师、资深教师，由于对教学内容比较熟悉，教学方法也得心应手，则可以只要求他们写一个简案、略案；而优秀骨干教师，特别是一些名师，他们经验丰富，教学内容早已烂熟于心，而且在课堂上能驾轻就熟，开合有度，或许一个"心案"，就可以把一节课上得酣畅淋漓，则完全可以允许他们不写教案，或者只用做些批注，或是列个提纲。

这种分层管理，不用一个"标准"去要求，既能在信任中激起老教师、资深教师、优秀骨干教师、名师的荣誉感和责任心，又能在对新教师、青年教师严格的要求中，激发他们的自尊心，上进之心，让他们以老教师、资深教师、优秀骨干教师、名师为榜样，努力向他们学习、向他们看齐。

当然更重要的是，让教师在有利于教师成长的环境中，涵养自己的教学风格，形成个性化的特色教学，助力学校教育教学质量的提升。

随着时代的变迁，教育的发展，特别是进入信息化时代后，传统手写教案的备课方式也可以做适当的改进，应该允许多元化备课方式的存在。比如写电子教案，做PPT，在课本上勾画，将授课内容制成微视频，等等。这些备课方式从某种程度上讲，甚至胜过传统意义上的教案。

如果学校确实要检查教案，那么既需要专业标准，又需要专业基础，确保检查的专业性和权威性。不能以检查教师教案为名，刷存在感，也不能以掌握着对教师教案的评价权为幌子，滥施权威，更不能以简单的项目、字数、篇幅去评定教师教案的"三六九等"，这只会恶化教风，助长教育的官僚主义和形式主义。

北京市昌平区城关小学原校长柏继明在一次报告中，讲到之前学校曾经因检查教案所闹的一个笑话。

过去学校教导处每周都要检查老师教案，检查以后还要在教师会上逐一点评，老师苦不堪言。有一天几个老师凑到一块，嘀咕道："主任罚咱们辛辛苦苦写教案，他会认真看吗？"大家七言八语，有的说不会，那么多老师，那么多教案，他怎么看得过来；有的说即使看得过来，谁保证他会认真看呢？其中一个机灵的教师说，咱们试试看。于是他就在教案中工工整整写了一段骂教导主任的话。谁知教导主任没看内容，还对该教案大加赞赏，让自己出尽了洋相。

柏校长讲，自此之后，学校便不再对老师的教案进行检查了。学校对老师平时上课的教案要求，不再拘泥于某种形式，老师们可以写在小纸条上，也可以写在书上。不怕书上写得密密麻麻、横七竖八，只要自己看明白就可以了，只要有利于上好课就行。只要求每位老师每学期交两篇精品教案就行，然后期末将精品教案收录到教案库。这样既锻炼了老师写教案的能力，又能让老师从繁杂事务中走出来，不为教案形式所累。

让形式主义远离教育，不要把写教案与检查教案沦为一种形式主义！

对老师多些宽容和担当

之前，某小学一名姓王的老师，因在社交媒体平台晒礼物引发广泛关注。后经核实，鲜花系学生家长赠送给王老师的教师节礼物，而同时晒出的一盒月饼、一箱饮料，则是学校发给老师们的中秋节慰问品。

当地教育主管部门之后对涉事教师进行了批评教育，并责成其向学生家长退还鲜花等额费用。同时表示将进一步加强对全县教师员工的师德师风教育。

众所周知，有关部门曾三令五申教师不得违规收受礼品、礼金，包括教师节。如果教师违规收受礼品、礼金，的确有违规定，有辱师德，乃至被严肃处理的，那是咎由自取，我也举双手赞成，然而问题的关键是，家长给王老师赠送的"一束鲜花"，究竟算不算"礼品、礼金"？

依我之浅见，礼品的"品"，应该指的是物质、物料、物品；礼金的"金"，应该指的是资金、现金、各种有价证券和支付凭证。无论是"礼品"，还是"礼金"，那一定是可以消费、支配、享用的财物。而相送的"一束鲜花"，除了能够给被送者王老师带来一种心灵的愉悦、职业的尊严与幸福感外，绝对不能像其他"礼品""礼金"那样，带去消费、支配与享用。

基于此，我以为，这"一束鲜花"，应该算是一种体现礼仪、礼节与礼貌的"礼"，绝对算不上礼品、礼金。

如果"一束鲜花"也算礼品、礼金，那么病人给医生送上的一面锦旗，老百姓给人民公仆送的一道匾额，这难道也算礼品、礼金？

如果因为医生接了一面锦旗，人民公仆收了一道匾额，就批评医生，说医生医德有问题，指责人民公仆缺乏官德，甚至要求医生、人民公仆同等金额退回"一面锦旗""一道匾额"的费用，这岂不是天大的笑话。这不仅让"一面锦旗""一道匾额"蒙羞，更让病人、老百姓情何以堪？

换言之，因家长出于对老师的尊敬、信任与爱戴而赠送"一束鲜花"，就此归结于老师的师德师风问题，上纲上线；因一人不是病的"病"，而兴师动众，让全县教师"吃药"，岂不既贻笑大方，又让王老师蒙冤，更让含辛茹苦的所有教师寒心？

家长相赠的"一束鲜花"，不仅表达的是纯洁温馨、和谐美好的家校关系、师生关系，更体现的是家长对王老师这个人真挚的情感。

教将兴，必贵师而重傅。当下为什么优秀的人才不愿当老师，为什么优秀的教师留不住，为什么教师的职业幸福感越来越低，从某种程度上讲，与尊师重教之世风日下不无关系。

教育是幸福的事业，其要义是幸福，终极目标还是幸福。教育的幸福，离不开教师的幸福。王老师在社交媒体上晒出礼物，有人说她涉世不深，"太傻"，给自己"挖坑"，自己举报自己收礼，我则不以为意。这恰恰从另一个角度说明了一个年轻教师充满职业幸福感，欣慰激动，无比自豪，情不自已。一个充满职业幸福感和自豪感的老师，相信会更加珍惜教师岗位，扎根教育，躬耕讲台，热爱学生，教好书，育好人。更何况她的这种职业幸福感无异于在给教师职业做免费广告——教师职业神圣崇高，令人向往，欢迎加入！国家不是提出"让教师真正成为最受社会尊重和令人羡慕的职业"吗？你看，教师节，家长又是送鲜花，学校又是发月饼，多体面且光鲜呀，教师职业多受尊重和羡慕啊！

其实，教师职业的幸福，无关乎轰轰烈烈的壮举，无关乎显赫耀眼的地位，也无关乎丰厚优越的待遇，而是来源于身边时时刻刻的这些细节。比如，你不经意闪现的教学灵光，你偶尔迸发的教育智慧，你突然间碰撞的思维火花，你正在教或曾经教过的学生，在某一个特殊的日子，对你的一声问候，一则短信祝福，一张贺卡、一束鲜花的敬意。或许，这就是一个教师人生最简单的快乐与最持续的幸福。

如今，这"一束鲜花"所带来的幸福，却被视作影响师德师风，被加以禁止，这的确值得商榷。现实中，尊师重教究竟如何体现？教师的职业幸福到底从何而来？生活中人与人相处该不该有温度？

二十世纪八九十年代，我在乡村教书，记得那时候教师节有学生给老师送一枝或一朵塑料花，当然也有学生送上自己采摘的一束野花。除此之外，还有学生要么单独，要么三五个凑点钱，给老师买一个玻璃杯、一支钢笔、一条毛巾，弄上一张小卡片，歪歪扭扭写上他们的名字，或腼腆地送到老师寝室，或害羞地走到老师面前，猛然间塞进老师的衣服口袋，人便一溜烟地跑了。那时的老师和学生都沉浸在彼此的幸福中。

那种纯朴而浓郁的师生情、家校情，至今令我难以忘怀。要是换到现在，不知会"违反"多少规定，落得个怎样追责问责！

我曾在教育主管部门工作多年，我深知，教育主管部门不易，但教师更不易。对于教师有违师德师风的行为，我们当然不能袒护，该严肃处理的，绝不姑息迁就。但是面对一些苛刻与不理解，一些不良揣测与道德绑架，作为教师的"娘家"和"娘家人"，就绝对不能为了息事宁人，而不分青红皂白地拿本已弱势的老师开刀。要知道，"开刀"的是一个老师，受伤的却是所有教师，折腾的更是一方教育，最后遭罪的是无辜的孩子。

甚至我还在想，如果在教师节，一个老师连学生自制的一张贺卡，家长相送的一束鲜花都没有收到，那么这个老师就一定是一个师德高尚的老师吗？就一定是一个"四有"好老师吗？就一定是一个让学生和家长看得起的老师吗？这样的师生关系、家校关系难道不值得考量？

尊师重教是中华民族的优良传统。退回一束鲜花等额费事小，而由此有可能退掉尊师重教之优良传统事大。对老师多些宽容和担当，便是最好的尊师重教！

靠谁把孩子摆渡到那个人生高地

我随一群爱心人士和志愿者从成都出发，去四川的美姑县瓦拖小学参加绿之叶公益组织十年庆典。按照安排，爱心人士和志愿者有一个和瓦拖小学孩子们的互动体验。

有的志愿者和孩子做蜡染，有的和孩子共读绘本，有的同孩子制作小手袋，有的与孩子在开心农场劳作。其中最火爆的是来自川航的机长与孩子们在梦想课堂聊梦想。

川航的机长很有心，他带来了两大口袋模型飞机，先分发给每个孩子，再给孩子们介绍了一些航空知识和飞机飞行的原理，孩子们眼睛睁得大大的，特别感兴趣。

然后机长叔叔自然而然地转到梦想的话题，与孩子们聊梦想。他说："什么是梦想？梦想是超越现实的东西，是对未来的一种期待，是对美好的一种向往，是用心去实现的一种目标。梦想更是一种精神上的追求，一种持续动力的源泉。"

随后，机长叔叔问孩子们的梦想是什么。大家争先恐后，纷纷举手。

有的孩子说他的梦想是长大了也像叔叔一样当机长，在祖国的蓝天翱翔；有的孩子说他的梦想是今后当医生，治病救人，救死扶伤；有的孩子说他的梦想是将来当明星，挣大钱，给人们带去快乐；有的孩子说他的梦想是当宇航员，探索宇宙的奥妙，为人类寻找新的生存空间；有的孩子说他的梦想是当作家，写出更多的作品；还有的孩子的梦想是当一个服装设计师，说要设计出漂亮的服装，扮靓这个世界……但竟然没有一个孩子的梦想是当老师。

我站在教室后面，趁着孩子们思考的间隙，小声提示："有长大后想当老师的吗？"没有回应。我继续悄声引导，"当老师多好啊，多高尚呀，多受人们的尊重啊！"还是没有人回答。直到整个活动结束，仍然没有一个孩子把当老师作为自己的梦想。

尽管现场气氛热烈，机长叔叔点燃了大凉山区孩子们的梦想火光，孩子们个个热血沸腾，满怀憧憬，充满激情，但我的心里却掠过一丝丝的酸楚。

我想到，我们那个时候读小学，写《我的梦想》的作文，包括我在内的不少同学都写长大后想当一名老师，当一名像我们的老师那样优秀的老师，辛勤耕耘，为祖国培育更多的人才，也更好地实现自己的人生价值。

再联想到这些年来，很多地方招考教师意外爆冷，不少岗位因达不到3：1而不能开考，更有一些岗位竟无人问津，沦落到报名人数为0。

正由于此，前些年某省教育厅出台定向培养2500名乡村小学全科教师的政策，其中，初中起点专科层次拟招聘2200名，尽管某县最低控制线低到了触目惊心的330分，而该县普通高中录取控制线是420分，但报名者仍然寥寥无几。

教师担负着非常重要的使命，这应该是令人羡慕神往，备受人尊敬的职业，理应有更多的人将之作为一种梦想和人生追求。

当然，国家与社会层面更应该穷尽一切努力，让教师真正成为受人尊重和羡慕的职业，并由此吸纳更多的优秀人才选择教师这个职业。

为什么当下许多优秀的人才都不愿意当老师？为什么教师队伍中的不少好教师要纷纷逃离？这一切问题都不是孤立存在的，其之间存在着必然的关联。

之后，我在我的微信朋友圈"汤勇看教育"栏目，分享了我参加美姑县瓦拖小学互动体验活动后的一点追问和忧思，不少朋友留下评论。

A："只有老师能够快乐教学成人达己的时候，才能吸引人才从事教育工作。看当今社会上老师的劳累样，谁还愿意当老师？"

B："孩子是从大人们那儿学来的。全社会都知道，当老师任务繁重，报酬不高，地位低下，不受尊重。"

A 回复 B："应该是的，老师们的吐槽，不是凭空捏造的。学生们看在眼里，记在心里。小小年纪，心灵纯净，最真实地反映了老师们的处境。"

C："我曾建议过，公开招聘教师时，师范院校的学生一定要优先。无论采取权重还是加分或者其他方式，一定让首选做老师的人能看到希望，无论当初他们为什么选择师范！"

D："最主要的是，真实的校园生活中能做到让学生真正发自内心地崇拜、钦佩、敬畏之师少啰！"

我的老朋友，四川省教育厅学校后勤管理处原处长王良鸿更是高屋建瓴，切中要害："如果一个民族不能把这个民族最优秀的人才吸引到为这个民族培养最优秀人才的行业上来，这是这个民族最大的悲哀！"民族的希望在教育，教育的希望在教师。任正非曾说过一句非常经典的话："要让优秀的人去培养更优秀的人。"

然而，理想很丰满，现实却骨感。尽管教师的待遇比过去有所提高，但教师这个职业也的确压力大，责任重，很辛苦。每天看似只上几节课，但其背后的查资料、写教案、课件制作、改试卷、作业批阅、个案辅导、突发事件处理等一系列的事情，让老师不得不加班加点，而当下很多非教学的工作让老师更是不堪重负。

又特别是如今的孩子十分娇贵，教不得，管不得，大声不得，一些父母，袒护孩子心切，动不动就四处告状，责难老师，让老师泪往肚咽，有苦难诉。

再加之一些地方尊师重教风气淡化，要求老师是完人、圣人，绝对高尚，不能有丝毫差错和闪失，稍有不慎，便对老师上纲上线，不依不饶。

　　作为教师的娘家人，本应为老师说话，可不少教育主管部门为了息事宁人，一味拿弱势的教师开刀，这让教师们心寒。

　　这些也许就是产生如此现状的原因吧！

　　如若现在的孩子都没有当老师的梦想，优秀人才都不愿意做老师，教师队伍素质低下不堪，教师权利得不到保障，我们的教育事业怎么发展，怎样教出面向未来的孩子，民族的复兴、伟大的中国梦又怎样实现呢？

　　这不是危言耸听，应该引起我们的深刻反思和高度警觉！

　　站在讲台上的那个人决定着教育的品质，也决定着民族的未来，更决定着我们能否把孩子摆渡到那个人生高地！

对老师"罚站"与成都教师"弹性上班"

"双减"后的课后服务，让老师们每天在校工作时限延长，为了给予教师更多属于自己的自由时间，教育部提出了弹性上班制。

经过一年多的探索，一些学校坚持老师上午有课的，可以早来一会儿，下午早走点；上午没课的，可以晚来一会儿，下午晚走一点，不使每个老师都耗在那里；还有一些学校让教师在平时没课的情况下，可以自由安排时间，或在家或在办公室、图书馆、实验室工作，也可以外出办点事。在保证教学工作的前提下，教师弹性上班，有事要办不必请假，也不会扣工资。

教师们觉得学校制度严谨而宽松，具有弹性，管理严格而宽容，富有人性。老师们对学校的信任和善待心怀感激，工作更主动了，积极性更高了，主人翁意识更强了。

但还有一些学校认为，实行弹性上班制，一来不利于对教师的全员全面全程管理，担心教师在"弹性"中自由散漫，无组织纪律，责任心变差，工作效率变低；二来班主任工作量较重，很难实行弹性工作制，若其他科任教师"弹性上班"，可能造成更没有人愿意当班主任；三来学校人手过紧，工作量繁重，"弹性"不起来。加之各种非教学任务，诸如考核、评比、检查、验收、过程留痕等，"弹性上班"的时间和空间有限。

老师长期超时工作，而没有一点时间弹性，短时间内或许能勉强坚持，而长时间持续下去，既会导致教师身心俱疲，心理健康堪忧，产生职业倦怠，又会使教师难以兼顾生活、工作与家庭的平衡。而生活压力大，家庭矛盾凸显，更会使教师难以抽出时间静心学习提升，反思自己的教学。

就在不久前，湖南长沙的一个视频引发人们关注。起因是两名下午没有课的老师迟到被校长抓住并罚站。

据拍摄者称，学校规定老师不管有没有课都必须在两点钟之前到教学楼。而这两位老师却因迟到被校长抓到，罚他们站到操场的升旗台上，直到他们抓到别的迟到的老师或学生。

校长这种做法，看似严格管理，却让老师面子扫尽，一旦老师在学生心目中没有点尊严，没有点形象和地位，老师今后怎样面对学生？怎样施教？

这样的校长如此蛮横，眼里哪还有老师？哪把老师当老师？

可以肯定的是，这所学校的工作时间根本没有丝毫之"弹"，完全是一刀切的坐班制。

教师是活生生的人，对教师的管理，是对人的管理，管人重在管心，教育更是用心的事业。在两点钟之前，管他有课无课，把老师都齐刷刷地弄到教学楼，老师人到了心却未到，甚至人在教学楼，心却在九霄云外，这样的形式化管理又有什么价值与意义呢？这样任性的管理又会给教师和教育带来什么恶果与灾难呢？

正在为这样的管理感到悲哀之时，我正巧看到了成都市教育局等四个部门联合印发的《关于深化"双减"加强教师关心关爱工作的通知》。

"通知"中特别强调了"实行弹性上下班制或调休制度"。其中明确规定"根据教学实际实行'早到早走，晚到晚走'，合理安排教师工作及休息时间"，"参与课后服务的教师，当天没有安排课后服务工作的，可以适当提早离校，当天有课后服务任务的，早上可以适当推迟到校。学校要建立班主任及学科教师补位机制，确保弹性上下班实施过程中学校教育教学工作的正常开展"。

应该为成都市教育局等部门鼓掌！这种温暖而贴心的规定，体现的是一种以人为本的理念，一种对教师的关爱与尊重，一种让"双减"持续发力，有效落地，开花结果的共识与信念，一种让教育生态重塑，让美好教育呼之欲出的宣誓与担当。

相比于长沙学校对因下午没有课而迟到的老师的"罚站"，管理孰高孰低，情感孰有孰无，不言而喻。

教师这个职业在孩子的成长与社会的发展中扮演着重要的角色，它需要社会的认同、尊重，当然，也需要校长的善待。

校长要随时想到自己是由老师一路走来，自己的身份始终还是老师，最美好的身份更是老师，在做出决定时不妨换位与共情一下，如果我就是那两个迟到的老师呢？

不要边缘化了中老年教师

假期中接触了几位中老年教师,我知道,在他们风华正茂的年龄,都是顶呱呱的优秀教师。而现在,有些中年教师,年龄并不大,却能在他们的言语谈吐中,发现他们没有任何想法,失去发展的动力。

他们说,现在人们关注的是年轻教师的成长,外出听课学习,学校首先考虑的是年轻教师;对名师的培养,有的学校往往习惯于针对新秀,大大小小的培训,安排的对象也是年轻教师;一些竞教赛课活动,文件中通常规定只有年轻教师才有资格;什么座谈会、演讲比赛、论坛沙龙,更是把中老年教师拒之门外。

年轻教师是学校发展的新生力量,是学校走向未来的中流砥柱,也是学校美好明天的希望之所在。一些年轻教师刚走上讲坛,多花些时间、精力和心思,关注他们的成长,这确有必要,无可厚非,但是,我们绝不能把中老年教师完全抛在一边!

学校中的中老年教师为学校的发展,曾经做出并且仍在做着贡献,功不可没。处于他们这样的年龄段,虽然经验丰富,却也容易陷入经验,迷信经验,以经验办事,凭经验施教,不容易接纳先进的教育教学思想与理念。几十年的教育生活,很容易产生职业倦怠,中老年教师其实也要进一步发展。

特别是对于新课程改革,不管是出于中老年教师自身暴露出来的问题,还是学校师资队伍整体建设的需要,都应该把中老年教师纳入视野,统筹安排，全面提升。让中老年教师都有一种时不我待的紧迫感，都能够切实感受到新课改对他们的召唤，让他们自觉投入其中，使所有教师都能实现自身的专业成长。

现实中，大凡涉及教师成长的活动，多半将参与对象局限于年轻教师，看起来是对年轻教师的重视，其实是对中老年教师的忽视。在对年轻教师鼓励激励、关爱关注的同时，千万不能疏忽了中老年教师。不然，他们会因年轻教师进入核心而离心，会因年轻教师的到位而缺位，会因年轻教师的热情而少了激情，会因对年轻教师的信任而带来对自己的放任，会因年轻教师的不断进取而安于现状。

我以为，所有的教师都有成长的责任及作用发挥的问题，都有自我加压及外部支持的问题。就是中老年教师有一天退休了，也都还有老有所学、老有所为、老有所乐的问题，都有为教育事业奉献余热的问题，都有不断成长自己、不遗余力发展自己的问题。

做学习型教师，不同年龄段的教师都应养成自觉学习的习惯；做成长型教师，不同年龄段的教师都应具有提升自我的意识；做研究型教师，不同年龄段的教师都应进入自发研究的状态；做发展型教师，不同年龄段的教师都应确立自己的追求目标；做卓越而幸福的教师，不同年龄段的教师都应有高远的取向。

其实，人到了一定年龄，他的老不是年龄老，而是心老，不是他自己已老，而是我们的疏忽或不经意，让他们感觉自己确实已老。回过头来看，对中老年教师的成长关心太少是很不正常的，这或许是我们工作最大的失职。

我所了解的有些学校，在对中老年教师的关切关怀上，就做得很好。通过建立中老年教师成长机制，在评职、评优上倾斜，实施"青蓝工程"，让中老年教师与年轻教师结对子，交流经验，使中老年教师充分获得自豪感与成就感。

不少中老年教师一路走来，积淀了丰富的经验和人生阅历，拥有独特的教学风格与人生胸怀，具有更辽阔的教育视野和人格魅力，对于教育有着更深刻的理解和行动，对于人生则更有着高远的认知，这常常是年轻老师所不能企及的，也是学校发展不可多得的宝贵财富，我们更没有理由忽视和边缘化他们！

　　教师人到中老年，是一个走向丰盈与成熟的信号，而绝不是自己职业生涯的休止符和终点站。教师们更应该抛弃安逸守命的状态，主动吹响人生的号角，树立志向，为教育人生再添风采，为学校发展再立新功，为教育事业的美好未来再谱新篇！

第六辑
观点与看法

作业"九点熔断机制"的喜与忧

股市的"熔断机制"是指当股指波幅达到规定点时，为控制风险而自动"熔断"，暂停交易，这个机制也叫自动停盘机制。而对于学生作业，当下也有了"熔断机制"。

之前，江苏省常州市博爱小学向校内家长发出通知，为贯彻落实《关于进一步加强中小学生睡眠管理工作的通知》，保障学生充分的休息时间（十小时睡眠），该校将严格控制作业总量与时间，并于本学期启用作业"九点熔断机制"，即超过晚上九点无条件停止作业，未完成的作业隔天也不用补做。

"双减"之前，同学们除了要面对课外补习的压力，还要承受巨大的作业压力与负担，既严重摧残中小学生身心健康，又直接影响到了亲子关系，影响到中国家庭的正常生活，影响到家庭成员的幸福感。

2021年7月国家出重拳推进"双减"，就是要为学习成本设限，为作业负担减量。之后，许多中小学深入研究作业本质，提高作业质量，改革学习方式，提高学习效率，让孩子的书面作业量和书面作业时间较之以前皆明显减少，孩子们因此有了闲暇，有了放松的时间，不少家庭也有了幸福家庭生活应有的气氛与样态。

但有的地方、有的学校，学生们书面的作业量却没有真正减下来，减负还存在死角，一些小学生甚至做作业做到深夜。孩子们严重睡眠不足，拖着疲惫的身体走进校园，耷拉着眼皮面对老师和讲台，也是屡见不鲜。

我想，没有仍然存在的过重作业负担，就没有作业"九点熔断机制"的出炉。

记得 2015 年股灾之下应运而生的"熔断机制"，在当时不失为非常之举。而在"双减"奋力决战的关键时刻，作业"九点熔断机制"对于让"双减"真正落地、减少中小学生作业负担来说，也不失为非常之策。

晚上九点后无条件停止作业，这样的硬性举措相信对于倒逼老师用心备课、提高课堂教学效率、精心设计作业、减少重复、机械性作业，抓好课后服务环节，减轻学生学习压力，增加学生睡眠时间，都会起到积极的作用。

虽然对于作业"九点熔断机制"而言，其初衷是好的，但怎样落实，靠谁去"熔断"，更值得研究。

显然老师不可能去"熔断"。一来老师们既当运动员，又当裁判，他们愿不愿意熔断，愿不愿意在这个点上吹哨子，需考量。二来老师们绝不可能这个时候同时现身每个学生家庭，去开启阀门熔断。

靠家长"熔断"，对于懂教育的家长而言，这利于对孩子减压减负，增加睡眠时间，有益于身心健康，他们也许会到点熔断。但对于那些本来就很焦虑，又缺乏教育常识的家长，他们有可能生怕孩子睡早了会影响分数，影响升学，影响考名校。如果作业不是老师布置的，而是家长给孩子的自行"加餐"，那在这种情况下，家长显然绝不会配合"熔断"。

如果让学生自主"熔断"，对于学习自觉的学生来说，他们会争取在九点之前完成作业，对于他们，熔断不熔断都无所谓。但对于不想学习，学习不自觉的学生来说，该机制则可能会变成他们不完成作业的借口。长此以往，他们会觉得只要到了九点就不用写作业，反正也不用再补，他们就会天天拖，最终让他们在懈怠中贻误学业。

我以为，学校采取作业"九点熔断机制"，必须抓住几个关键点。一是老师、家长双方形成合力，真正达成家校共育，引导学生养成自主学习、自主作业的习惯，学会时间管理。二是学校本身必须提质增效，办出孩子们喜欢的学校，让学生们热爱学校与学习。三是教师必须练好内功，生成有效课堂，向 40 分钟要质量，并真正做到因材施教，寓教于乐，让每一个孩子都会学，都学会，不落下每一个孩子。

当然，这种作业"九点熔断机制"，到头来还是一种无奈之举，要真正落实"双减"，最终还得变革评价机制，力争用过程评价、综合评价、增值评价取代结果评价、单一评价、简单评价，还得变革用人机制，彻彻底底破除唯学历论、唯文凭论。

其实，哪个家长不愿意孩子早休息，不愿意孩子有一个好身体，但在这样的大环境下，哪个家长敢让孩子没有压力呀！

或许，我们真正应改变的是教育的生态！

不被"名校"遮望眼

曾经的一位老师，其儿子在当地上学，不仅学业好，而且阳光活泼，自信开朗，身心健康，后来父亲把孩子送到了一两百公里外的所谓的名校去。那里超强的学习压力，无度的恶性竞争，一年多下来，弄得孩子身体不支，情绪反常，便只好休学调适。一两年之后在当地复学，才又考上了理想的学校。

一个朋友的女儿，性格开朗，聪明伶俐，从小学到初中，成绩都比较稳定，中考在 700 分以上。父母名校情结浓厚，两年前煞费苦心，把女儿送到外地名校。几天前孩子的父母告诉我，女儿坚决不读书了，这段时间回到家里，晚上通宵玩手机，白天关着门睡大觉，任父母怎样开导，不读书意已决，而且还与父母反目成仇。我听后十分诧异。

孩子的父母说，眼看还有两百多天就要高考了，十分着急，问我怎么办。我说，孩子这么好的基础，突然就厌学弃学了，应该事出有因，最大的可能是心理出了问题，当务之急，首要的是对孩子的心理进行治疗干预，孩子心理健康了，状态好了，再考虑孩子下一步读不读书，在哪里读书等问题。

每一个孩子都有自己的个性特长，兴趣爱好，独特之处，而且有适合他们自己的成长道路，更有他们所接受的适合的教育，适合的学校。

什么是好的教育？适合的才是好的教育。什么是好的学校？适合的才是好的学校。即使是名校也不一定适合每一个孩子。就像一双名贵皮鞋，它不一定适合每一双脚一样。很多父母看不到这一点，以为让孩子一路都上名校，孩子今后就一定会前程似锦。

尽管名校大多有着先进的教育理念，优质的教育资源，确实可能给孩子的学习和发展带来很多好处，赢得一些先机，比如养成好的学习习惯，掌握好的学习方法，等等，但孩子非得上名校吗？

曾经，有限的教育资源，捉襟见肘的师资，落后的办学条件，哪有什么名校可上，更没有什么名校可择，但那时候的孩子不也都成才、成人了吗？

不管家长怎样焦虑，必须面对的是，不可能人人读重点，个个上名校，三百六十行，行行出状元，这个社会也需要方方面面人才的支撑。孩子们将来会从事不同的职业，大多会成为普通劳动者，成为他应该成为的他那样的人。

如果家长总是过高估计教育的力量，总是一厢情愿地与孩子的成长规律较量，总是将自己没有实现的梦想和愿望一股脑儿压在孩子的肩上，其结果，则完全有可能事与愿违，费力不讨好，铸成教育的怨，孩子的终身遗憾，自己永远的苦与痛。

周国平先生在他的《周国平自选集》一书中写道："现在我自己有了孩子，我不会太看重她能否进入名校，我要努力做到的是，不管她上怎样的学校，务必让她有一个幸福自由的童年和少年时代，保护她的天性不被今日的教育体制损害。"

的确，一个孩子最好的成长和发展，就是对他们的天性的顺从与呵护，只要不去压制他们的天性，让他们按照自己的天性去发展，按照自己的规律去成长，那就是最好的学习，也是最好的生命状态，未来也定会收获一个快乐而幸福的人生。

其实，不少名校也只是个传说。据我所知，一些名校把学校办成了应试工厂，把学生当成了应试机器，以牺牲学生身心健康为代价去赢得"名校"桂冠，通过到处挖优质生源和优秀教师做大做强，形成马太效应。可以说这些"名校"一切都是冲着分数，要的是分数，为的是分数，通过拼时间、拼身体，最终拼的是分数，这种"名校"让教育失去了应有的人文、人本、人性。要知道，每年在这些"名校"直接或间接宣传战绩如何辉煌的背后，还有多少孩子和多少家庭是把泪水往肚子里咽。

就算是那些真正的尊重教育规律，尊重孩子身心发展规律的名副其实的名校，也不是每一个孩子都能适应。有的孩子成绩一般，不是特别拔尖，有可能在普通的学校，更能够找到存在感，找到自己的价值，收获自信，越学越有积极性；而如果到了名校，在那样的环境和氛围中，他们发现自己与别人差距大，成天愁眉苦脸，唉声叹气，慢慢地就会产生一种自卑心理，自我封闭，以至于最后放弃学业，甚至放弃人生。

电视剧《小舍得》中，夏欢欢学习一般，其妈妈南俪却让欢欢在六年级拼名校，沉重的学习任务和周围人带来的压力，让欢欢几度崩溃。

其实，父母对孩子的陪伴，既是父母应尽的责任和义务，也是一种最好的教育。陪伴在先，教育在后。孩子是陪伴出来的，没有陪伴，就没有教育。

北京十一学校原校长李希贵说："我们太看重把一个孩子塑造成什么了，以至于我们忘记了他们实际上可能会成为什么。"

我们的孩子究竟需要什么，究竟可能会成为什么，作为家长应该有一个清醒的判断，千万不能被"名校"遮望眼，更不能让"名校"误了孩子的人生！

让校园欺凌不再有

2022年，广西一位刚年满16岁、在读高一的女生坠河自杀身亡。她临死前曾留有一封遗书，遗书中写自己遭遇校园欺凌多年，曾遭多人嘲讽、辱骂，厕所泼水等非人待遇。

不久前，湖北一名女生被多名女生殴打的短视频在网络流传。经查，这名女生被女同学欺凌属实。目前，当地公安机关已对涉事的学生伍某某、明某某（均已满14周岁不满16周岁）依法处以行政拘留；对张某等不满14周岁学生及其监护人依法予以训诫，责令监护人严加管教。并对该校校长姜某某免职，对分管负责人陈某某、班主任明某给予记过处分。

校园，本该是一方净土，更应是文明的殿堂，那里应该充满的是学生们快乐的身影，应该荡漾的是欢声笑语，却怎么成了暴力横行的地方？

青少年学生，本像一张白纸，纯洁无瑕，美好纯真，却怎么在这些社会新闻中不断地与血腥、欺凌等词联系在了一起？

同学之间，本应仁义友爱，和美互助，亲密无间，怎么竟一次次上演着伤害、凌辱的惨剧？

纵观一起起校园暴力事件，已经明显地呈现出暴力行为低龄化、参与人员女性化、施暴手段残忍化等趋势。这些事件所暴露出的当然有家庭的问题，一些父母对孩子过于溺爱或者疏于管教，特别是一些留守学生因缺乏应有的关爱和引导，从小便变得孤僻、充满戾气；也有社会的问题，诸如社会教育的缺失，社会所渲染推崇的暴力影视剧和暴力网络游戏的负面影响。

除此之外，或许我们的学校教育更有难以推卸的责任。

一些学校将教育异化成一味应试，把培养目标完全窄化成对分数的片面追求，唯分数至上，管教不管导，育分不育人，忽略了对学生的精神塑造，忽视了对学生的法制教育。

一些学生在学习与成长中的压力、困惑和各种疑虑，无法通过正常渠道排解，学校和老师的疏导工作又没及时跟上，导致这些学生开始产生怪异行为、不良习惯、情绪障碍以至于慢慢地发展成暴力倾向。

学生的生命成长轨迹就像一条河，发源于家庭，汇集于学校，最后流向社会的海洋。要从根源上杜绝校园暴力，当然家庭、学校、社会、法律必须各司其职，共谋对策，综合施治。

作为学校首先要转变办学观念，树立全面育人、全员育人、全方位育人、全过程育人思想，注重对学生的综合素质评价，从过度关注"分"走向充分关注"人"，把孩子的品行操守看得比一纸分数更重要，把孩子的人文素养看得比考试成绩更重要，把育人永远看得比育才更重要，积淀关键能力，聚焦核心素养，把培养一个个精神独立、人格完整、品德高尚、懂得担当，能够自食其力的合格公民作为首要任务。

在一些校园暴力事件中，施暴的孩子往往还没有意识到其行为违反了法律，也还不清楚给他人造成了怎样的伤害，因此学校应适时开展普法教育，让法制教育在校园入脑入心，落到实处，让广大青少年学法、知法、守法，让那些犯下错误的未成年人明辨是非，知晓责任并改过自新。

在加强法制教育的同时，及时跟进中小学生心理健康教育，驱散一些学生心灵的阴霾，通过社团活动的开展，还有竞技类体育课程的设置，让一些学生的负面情绪得到合理宣泄，让学生之间的情感与友谊在活动中得到凝聚和升华。

加强对有暴力倾向的"问题学生"的教育与管理是减少校园暴力的治本

之策。在当下的社会环境里，认识偏差、行为偏差、心理失调的"问题学生"不少。不管他们来自怎样的家庭，也不管他们何时走向复杂的社会，及时用学校大家庭的温暖，用师生真诚的关爱，用校园丰富多彩的生活，用教育人的良知与使命，帮助他们树立积极的人生态度，养成良好的行为习惯，这既能体现教育者的智慧与耐心，又能从源头上铲除校园欺凌行为依附的土壤。

建立严密的防控体系是预防校园暴力的不二途径。任何事故的出现，包括校园暴力的发生，总有学校工作的疏忽和管理的缺失，校园暴力的发生必定离不开时间、空间、诱因等各种条件。

一方面，要善于从细微的偶发事件中发现苗头，防患于未然。另一方面，要通过严明的制度、严格的落实、严厉的追责，通过人防、物防、技防等多种手段，从校内到校外，从学校到家庭，加大监管范围，切断诱发校园暴力的所有链条，不给校园暴力事件的发生留下任何的可乘之机，切实履行起教育管理的责任。

在做好校园暴力防范的同时，对于一些学校已经发生的欺凌行为，学校不能不闻不问，一拖再拖，甚至一味地包容和迁就，应该及时依法加强管教。对严重的欺凌行为，学校不得隐瞒，应当及时向公安机关、教育行政部门报告，并配合相关部门依法处理。

尽管学生涉事者都是"未成年人"，但惩罚必不可少。只有让涉事者真正暴露在阳光下，受到应有的惩罚，也许才不会让他们更加有恃无恐，不断施暴。

让欺凌远离校园，让校园宁静祥和，让每个少年儿童都能够在校园里安心快乐地学习和成长，这应该成为教育的一种责任与担当，成为每一个教育者不懈的追求和努力的方向！

不能消解的是假期与春节

近日,河北某中学在寒假通知书中,希望家长"教育孩子淡化甚至摒弃春节意识、假期意识",在网上掀起波澜。该校随后发布说明称用词不当,表述不精准,引起网民误解,为此深表歉意,并已对相关老师进行批评教育。

春节,作为中华民族最隆重的传统佳节,历史悠久,其起源蕴含着深邃的文化内涵,在传承发展中又承载了丰厚的历史文化底蕴。可以说,以春节为代表的传统节日,是民族文化的有效载体,是赓续文化血脉、延绵民族精神、增强民族认同感的精神纽带。

记得在我上学的时候,对春节总是很期待,往往提前两个月就开始惦记,甚至掰着手指头一天天地盘算。因为春节到了,可以穿新衣,放鞭炮,可以走亲串户,吃好吃的,还可以漫山遍野跑,无忧无虑地玩。

现在的"春节味儿",随着城镇化的进程,农村人口的减少,还有生活水平的提高,以及生存竞争压力的加大,日益淡了很多。尽管孩子们盼望过春节绝没有我们那些年的愿望那样强烈,但是孩子们还是期盼有一个完整的假期,能够开开心心、快快乐乐地过上一个幸福的春节。

早在几年前,教育部就印发了《完善中华优秀传统文化教育指导纲要》,要求学生"知道中华民族重要传统节日,了解家乡的生活习俗"。

其实,春节对于孩子,不只是一个假期,也不只是一个休整期,而是对他们进行传统教育、劳动教育、生活教育、感恩教育的一个重要而难得的契机。

比如，春节除旧迎新，要提前除尘、扫房子、清理物件，家长可以陪孩子做些家务，让孩子体会到参与劳动的乐趣；春节讲究喜庆与气氛，家长可以陪孩子做手工，诸如写春联、剪窗花、糊灯笼、挂福字、贴年画等；春节要置办年货，家长可以陪孩子去市场采购，让孩子亲自规划菜谱，亲自挑选，亲自核算，还可以陪孩子做各种美食，诸如包饺子、滚汤圆等；春节上坟祭祖，这是必不可少的习俗，家长可以带孩子参加，让孩子拥有敬畏意识，培养孩子尊老敬老的美德；守岁谓之"燃灯照岁"，即大年夜遍燃灯烛，在除夕夜一家人团聚，熬夜迎接农历新年的到来，家长可以让孩子同家人共同"守岁"，一家人其乐融融，增进孩子对亲情的认知与感悟；大年初一拜大年，家长可以让孩子跟长辈或者左邻右里拜年，道贺一声"新年好！平安吉祥"，让孩子知礼识礼，知书达理，成为一个有文化懂礼仪的孩子。

这一切的一切，是在书本当中学不来的，也是在死读书、读死书中学不会的。孩子们在死读书、读死书中学会的，总有一天会还给学校、还给老师，而孩子们在假期、在春节期间所涵养与习得的这一切，却会让其一生受益，成为他们终生的财富。

河北这所中学要求孩子"淡化甚至摒弃春节意识、假期意识"，实际上就是让孩子们把寒假变成"第三学期"，甚至连春节都不能彻底放松，以此不断强化分数意识、竞争意识、苦拼意识。究其实质，还是挥之不去的唯分数是从，以分数论英雄的观念在作祟，更是极端功利的短视教育观和逼仄狭隘的教育格局的缩影与反映。

学校在后来的解释是"用词不当，表达不精准"，我以为，不是"用词不当"，而是"唯分数""唯升学"的教育"观念不当"；不是"表达不精准"，而是对其彻头彻尾将应试教育贯穿于教育始终，把教育应试属性演绎得淋漓尽致的"精准表达"。

在"双减"背景下，"把假期还给孩子"是教育部的明文要求，也是全社会的共同呼吁，更是孩子们的呐喊与心声。在传统节日与传统文化日益消解的语境下,"春节意识"不但不应淡化、摒弃,还应进一步强化。因为,假期与春节,对孩子的成长,在一时的分数与成绩之外,还有更多的期待与意义!

婴幼儿的负担，也需要"双减"

有一个远方的读者朋友微信于我，说"双减"主要针对的是义务教育阶段的学生，现在的义务教育阶段学生在"双减"之后，负担着实减轻了不少。然而对于婴幼儿，他却呼吁也需要"双减"。接着他给我谈了他的感受。他说，他是一位农村教师，这学期考调进了县城学校，他的孩子三岁多，孩子也随他到了县城。开学后，他把孩子送到幼儿园，孩子去了很不适应，跟不上。他发现其他孩子都会认汉字、会做加减法、能背英语单词和唐诗，有的还会心算，而自己的孩子却什么都不会。他开始以为只是这所幼儿园过早地进行了学科教学，后来一打听其他幼儿园，发现也都存在超前教学的现象。

他还发现幼儿园里的很多孩子，家长都给报了兴趣班，有的还不只报一个班，多的达四五个。这些三四岁的孩子，除了在幼儿园学习外，晚上和周末乃至节假日，还要参加各种兴趣班的学习。

他最后提出，对婴幼儿也必须减负，要减轻超前学科教学和过度的兴趣培训对婴幼儿的负担。这位朋友对教育的观察与思考让我顿生敬意！

婴幼儿正处于语言和思维成长的黄金时期，其特点是喜欢玩、喜欢动，具有强烈的好奇心，有着丰富的想象力，还蕴含着无限的潜能。这个时期对婴幼儿的教育，重要的不是知识，不是束缚，而应该是让孩子尽情地玩耍，尽情地嬉戏。应该通过营造童话般的世界，让婴幼儿在做游戏、看绘本、听故事、唱歌谣中，开启想象，丰富心智，培养合作意识，帮助他们养成良好的习惯。

有一句话叫"不能让孩子输在起跑线上",在这个伪命题的驱使下,加之社会的浮躁,教育的功利,一些缺乏育儿知识而又极度焦虑的父母过早地开启了早期教育,或急着传给孩子一些知识,或忙着花钱给孩子报兴趣班,发展孩子的特长。

我曾看过一篇2017年的报道,说某地一个两岁半的婴儿开始脱发,去看医生,医生诊断孩子心理出了问题。原来是孩子的妈妈给他报了五个兴趣班,孩子被妈妈抱着每天不停地穿梭与奔波于这些特长班、兴趣班中,孩子压力大,着急呀,睡不着觉,于是开始脱发。

一些幼儿园为了争取生源,无视《纲要》和《指南》,一味迎合家长,也过早地教婴幼儿知识、识字、念拼音、学算术、记英语单词、背诵唐诗,有的幼儿园还给孩子留起了家庭书面作业,甚至还进行期中、期末考试。

卢梭说:"大自然希望儿童在成人以前就要像儿童的样子。如果我们打乱了这个次序,我们就会造成一些早熟的果实,它们长得既不丰满也不甜美,而且很快就会腐烂。"

杜威也曾指出:"为了成人生活的造诣,而不管儿童的能力与需要,是一种自杀的政策。"

幼儿教育要按照儿童的天性以及身心特点去施教,这既是幼儿教育应遵循的基本原则,也是幼儿教育的初衷与本质。

那些生硬的知识,对于婴幼儿来说,其实并不重要,迟些掌握比早些掌握更有利于他们的健康成长。而在婴幼儿阶段所养成的良好习惯,习得的优秀品行,培养的开朗的性格,却是陪伴他们未来一生的宝贵财富。

如果我们过早地进行知识教育,把幼儿教育"小学化",这种拔苗助长的教育,既违背婴幼儿的生理、心理发展规律,泯灭孩子想象,还会让孩子过早产生厌学情绪,这实际上是在压抑孩子,伤害孩子,摧残孩子。

教育的"内卷"已经"卷"到婴幼儿,婴幼儿的"内卷"对他们的身心健康、今后的学习生活以及人生幸福危害极大。我们在对义务教育阶段学生"双减"的同时,对婴幼儿更应"双减"。这不仅仅是对于婴幼儿童心与天性的保护,对婴幼儿教育本真与规律的坚守,而且更关系到义务教育阶段学生的减负能否从源头抓起不污染,能否全面落地不折腾,能否持续深入不反弹。

持续巩固"双减"成效

2022年10月底,在第十三届全国人大常委会第三十七次会议上提请审议的《国务院关于有效减轻过重作业负担和校外培训负担,促进义务教育阶段学生全面健康发展情况的报告》认为,"双减"改革得到了全社会的支持和认可,但"双减"工作具有长期性、复杂性、艰巨性,仍然存在许多问题和不足。

"双减"政策,作为贯彻中央决策部署的重大教育改革,以排山倒海之势磅礴于大江南北,带来了中国基础教育的深刻革命和深度改变。

可喜的是,此后经过各个方面的不懈努力,校外培训市场的"虚火"大幅下降,野蛮生长现象得到有效遏制,校内减负提质受到普遍欢迎,不仅为亿万少年儿童赢得了快乐成长的时光,全面发展的空间,更重要的是,纠正了被扭曲的教育逻辑,让学习回归学校主阵地,让教育回到应有的本原和轨道,重塑了健康的教育生态与育人格局,让我们看到并见证了"双减"下的教育正日益走向美好。

在"双减"改革的良好氛围逐步形成的同时,要看到学科类培训隐形变异的难题还需破解,监管非学科类培训的法律法规尚不完善,校内提质增效也还存在差距。

虽然通过"双减"的实践,各界加深了对学生负担过重和家长教育焦虑深层次原因的认识,但就教育内部来讲,主要是职普协调发展和中高考竞争性选拔等问题；从教育外部来讲，主要是就业竞争压力以及收入分配、社会保障制度不完善和我国发展不平衡不充分等问题。这些内外部问题层层传导，导致学生学业压力大，引发家长教育焦虑。

推进"双减"大政，在持续巩固"双减"成效的同时，下一步还应全面深化系统综合改革。

首先，推动普通高中多样化发展。 传统意义上的普通高中差不多定位于"为参加高考做准备"，都是为了升学。发展的单一化、同质化，使普通高中陷入片面追求升学率的怪圈，又刺激并助推了全民焦虑。

《国家中长期教育改革与发展规划纲要》中明确提出要"推动普通高中多样化发展"。普通高中可以根据实际情况，办成兼有升学预备和就业预备的高中，同时为了适应学生个性特长，还可以办一些艺术、体育、音乐、文学以及侧重于某一学科的特色班，以满足不同潜质和天性的学生的发展需要。

"双减"之后，学科类培训由"地面"转为"地下"，由"大众"转为"高档"，由"普惠"转为"定制"，这种隐形变异既增加了家庭负担，又带来一系列潜在的社会问题和系统性风险。

之所以出现这种情况，是因为中考成为典型的选拔性考试，决定着一部分学生上普通高中，一部分学生上职业学校。尽管国家一直高度重视中职发展，但受传统思想与观念的影响，家长和学生首选仍是普通高中。

为了在中考中不被淘汰，便有了为分数的重复训练，为分数而不惜一切代价送孩子补习。由此让家长的焦虑不但没有减，甚至还有可能有增无减。

普通高中如果能够实现多样化发展，就可以通过放大高中入学比例，以满足更多家长和学生上普通高中的愿望。从某种程度上讲，可以有效缓解家长过度的焦虑情绪。

进入高中学习阶段，通过课程的多样性和选择性，对学生进行职业生涯规划教育，让他们心智更为成熟，让他们对未来发展路径更加明晰，让他们对自己的职业生涯规划有一个比较清醒的认知和较为理性的判断。这个时候进行普职融通，个性化选择，自然分流，才会心甘情愿，水到渠成。

其次，淡化高中等级划分。不少地方把高中学校划分为不同等级，比如超级高中、示范高中、重点高中等。有的家长为了让孩子上示范高中、重点高中，给孩子增负施压，绞尽脑汁。

对于教育的均衡、公平发展，这种等级划分已经不适合时代发展的要求，并已成为制约"双减"纵深推进的障碍。在淡化高中等级划分的同时，必须调整相应的资源配置方式。

再次，健全科学的评价机制。一是探究和深化中高考命题改革和招生入学改革，加强对学生思维品质、创新意识和实践能力的综合评价，通过改革评价体系，破除教育一味拼刷题、拼分数、拼时间、拼身体的纯应试属性。二是建立更为科学、丰富的学业成绩评价机制，把学习效果简单化为分数极易引发家长的焦虑，助长大量学科辅导机构的野蛮滋长，要变定量评价为定性评价，单一评价为多维评价，简单评价为增值评价，结果评价为过程评价，静态评价为动态评价，以评价的变革根治教育的功利化、短视化。三是改进与完善教师评价办法，教师评价内容要突出直面"双减"的针对性，由过去一味对成绩、升学率的评价，转向为注重作业设计、布置、批改及反馈能力的评价，课堂教学艺术与教学效益的评价，课后服务内容与方式的评价，家校协同育人的态度与水平的评价，教师师德师风与日常品行的评价。

同时，加大常态化督导督查力度。将"双减"纳入教育督导"一号工程"，压紧压实属地管理责任，确保监管落深落细；将隐形变异培训纳入社会综合治理范畴，加大综合治理力度，严惩重罚违规行为；进一步规范非学科类培训的管理，采取价格监测、资金监管、现场监督等一系列举措，确保其公益属性。

除此之外，还应不遗余力为教师减负。"双减"在为学生和家庭减负的同时，教师无疑成了更多责任的承担者。教师负担不减，难有全面落地的"双减"。因此应尽最大努力督促地方和有关部门进一步落实减负清单，尽量减少非教学任务对教师和教育教学的干扰，同时兑现和落实好教师弹性上班制，尽量减少教师的生活压力以及与现实的矛盾和冲突。

只有推进全面改革不动摇，综合施治不松手，才能破解诸多问题与难题，有效巩固"双减"的成果，培养出堪担民族复兴重任的时代新人。

第七辑
阅读与思考

与书为伍，同书相伴

《中国教育报》2022年度教师喜爱的100本书揭晓，成尚荣先生为当天的《中国教育报》"读书周刊"撰写的温暖而给人以深刻启迪的寄语《记住，首先是因为相信》中讲述了一个真切而感人的故事：

> 江苏省南通市海安实验小学有个不成文的规定，大凡老师出差，一定要去当地的书店，买几本书，当作礼物送给同事。校长对老师们说了三句话："买书不求全读；读书不求全懂；藏书不求现在就有用。"学校还规定教师的藏书量：一般教师每人500本以上，学校领导、教学带头人每人1000本以上。1998—2016年，这所学校18年间培养出了12位省特级教师。

记得2017年国庆之后，去黑龙江绥滨县做讲座，我和秘书处的饶波从成都飞哈尔滨之后，首先去拜见了全国著名教育专家，中国陶行知研究会德高望重的老前辈，时任副会长的孟凡杰老师。他还兼任中国陶行知研究会农村教育专委会理事长。

当天我和饶波同从绥滨赶过来接我们的绥滨教育局党委委员、工会主席满国新，办公室主任王志刚一起来到孟老师家，看到孟老师家中的三个大书房和丰富的藏书，大家吃惊并羡慕不已。他们从未见过一个家庭会有这么大的书房，还有这么多的藏书。

当天写行走感悟时，我写下了这样的一段文字：收入再少都应该买书，住处再紧都应该藏书，交情再浅都应该送书，工作再忙都应该读书。

买书、藏书、送书、读书，不可能给我们带来显赫的地位，巨大的财富，但是会让我们精神丰盈，内心充实，从而使自己悄悄地变成美好的自己。

只要我们坚持买书、藏书、送书、读书，就会使我们同样的日子，有不一样的滋味；同样的生活，有不一样的活法；同样的工作，有不一样的心境；同样的人生，有不一样的风采。

的确，买书是最值得的投资，花几十块钱就能把作者多年的学术成果、所思所得、所感所悟，收入囊中；就能买到志士仁人、名家大拿几年、十几年，甚至一辈子的生活经历、思想积淀、人生智慧，想想都挺值。白岩松曾倡导大家买书，说在这个世界上没有看到任何比买书成本更低、收效更大的投资。

每次出差，我都喜欢在当地逛大大小小的书店，行李箱总是被书装得满满的。内容好的书我要买，有的书装帧新颖，我也要买下来，因为"看着就是一种养眼"。

藏书既是一门学问，也是一种精神享受，更是一笔巨大的财富。黄庭坚在《题胡逸老致虚庵》中说："藏书万卷可教子，遗金满籝常作灾。"我以为，满腹经纶可敌天下群雄，藏书千册胜于腰缠万贯。

收藏一本书，掂掂它的重量，触摸它的质感，感受它的工艺，体悟它的语言，不亚于收藏与把玩一件珍贵的艺术品。

所以我一直主张，每一个人，特别是教师，应该以书柜代替酒柜，书橱代替衣橱，书桌代替牌桌。

我喜欢藏书，办公室的办公桌上、书框里放满了书，家里的书房和客厅，甚至餐桌、床头柜、卫生间，到处都是书。书，随处可见，随手可取，随时能够与之相遇，随地可以进行阅读。

书籍也是最好的礼物。送亲人一本书，让他与书共度美好时光，送书就是送一份美好；送友人一本书，让他接受书香的洗礼，送书就是送一份真诚。

其实，在很多国家，书籍都是最常见也是最被喜欢的礼物。

读书是滋润生活的营养液，是让自己变得更具内涵气质的美容师，是不断提升自我，促进自己成长的助推剂。我们所读过的每一本书，所看过的每一个文字，都会随着时间的远去，岁月的沉淀，在潜移默化中化作精神的血液，生长为健康的精神骨骼，成为望远登高以看见更辽阔世界的奠基石。

这些年我喜欢读书，也在坚持读书，不管是紧张的工作状态，还是风和日丽的假日，不管是白天的闲暇，还是宁静的夜晚，一有时间我便会翻翻书，静静地走进文字背后的世界。阅读已经融入我的生活，成为一种生活方式，一种生存需要，一种生命的样态了。

在新的一年里，我们是否也应该向海安实验小学学习呢？

新的一年，愿我们都能远离世俗的烦扰，抖落一身的喧嚣浮躁，做一个有气质的买书人、藏书人、送书人、读书人，这是对我的自勉，也是对你的期待。

与书为伍，同书相伴，相信我们都会拥有与众不同的生活！

读书，让教育可以更美好

2023年全国教育工作会议最大的一个亮点，就是"要把开展读书活动作为一件大事来抓，引导学生爱读书、读好书、善读书"。这是教育部党组书记、部长怀进鹏在安排2023年工作时所重点指出的，也是教育部部长首次旗帜鲜明、掷地有声地提出要把读书活动作为一件大事来抓。

学校本来就是一个最好的读书地方，曾几何时，教育的功利已将读书的殿堂异化成了重复训练、反复考试的名利场，既让教育走进了死胡同，又让在这个年龄段最该多读书、爱读书、读好书、善读书的孩子，失去了很多的读书机会，错过了最佳的读书季节。

如果说孩子们的阅读仅仅局限于读课本、读题、读考试秘籍，那么这不能不说是一个巨大的遗憾。

书籍不仅可以丰盈我们的内心，涵养我们的气质，美丽我们的容颜，还可以坚定我们的信念，修炼我们的身心，带领我们去更远的地方。

美国诗人狄金森在《没有一艘船能像一本书》中写道："没有一艘船，能像一本书，也没有一匹马，能像一页跳动的诗行那样，把人带向远方！"

可以说读书是温情的邂逅，是美丽的相遇，是最美好的事情，也是最好的学习，最好的成长。

钱理群先生曾在《读书乃教育之本》中说："中小学教育是干什么的？也是三条：一是培养学生读书的兴趣；二是教给学生好的读书方法；三是帮助

学生养成读书的习惯。做到这三条，学生就会一辈子读书，受益无穷。"

这些年我也一直坚定地认为，学校教育的首要任务就是激发孩子读书的兴趣，教会孩子读书的方法，帮助孩子养成良好的读书习惯。

一个孩子有了浓厚的读书兴趣，他就会爱上学习，喜欢学习，即使离开校园之后，还会坚持不断学习；有了正确的读书方法，他就能会学习、认真学习、高效率学习。

我始终认为，对于一所学校而言，有好的阅读，才有好的教育。一个没有阅读的学校，绝对不是一所好学校，也永远不可能有真正的教育。

因而在过去从事区域教育管理的十多年里，我自始至终抓住读书活动不放，不遗余力推进读书活动的开展，并把读书活动作为撬动区域教育生态的一个重要支点。如今，终于从教育的最顶层发声，"把开展读书活动作为一件大事来抓"，作为曾经的一名读书活动的倡导者与推动者，现在的一名助推读书的呐喊者与鼓劲者，感到特别振奋和欣慰。

那么，如何把开展读书活动这一件大事抓好呢？

▎首先，要转变教育观念

社会的快速发展，人工智能时代的到来，必将带来人才培养模式的变革和转型，也必将带来教育观念的深刻革命和转变。过去那种为了一纸分数而进行的反复考练、反复刷题的教育方式，已经不能适应社会的发展需要。而如何拓展学生知识面，如何打开学生视野，如何培养学生的创新思维和创造能力，如何从过度关注"分"，走向关注"人"，关注人的"素养"，关注人的"精神发育"，便成为我们必须面对和研究的一个课题。

苏霍姆林斯基曾说："一个学校可以什么都没有，只要有了为教师和学生精神成长而提供的图书，那就是教育。"他还说，"让学生变聪明的办法不是补课，不是增加作业，而是阅读，阅读，再阅读。"

读书作为一种最为基础的教学手段，也是学生自主学习的一种重要方式，可以让学生广泛涉猎知识，为他们打开一扇扇看世界的窗口，让他们在自主的阅读中放飞思绪，自由飞翔，自我成长。

特别是在"双减"背景下，学生有了更多的自由支配的时间，学校教育更应该把读书活动贯穿于整个教育教学的全过程，引导学生多读书，读好书，让学生有更多的时间在书海里徜徉，广读博取，既从课本教学中，给学生的成长提供最初的滋养，又通过开展深入的读书活动，让学生从"五谷杂粮"中吸取丰富的营养。

其次，要营建书香校园

读书是需要氛围的，学校尽管是读书的地方，它同样需要一定的氛围，就像一个节庆，节庆本身就是一个节日、一个庆典，但它仍需要氛围的营造。

好的读书氛围，会让人情不自禁、自然而然地拿起书本，主动阅读，进入自发自觉的读书状态。而这种氛围，离不开校园的书籍飘香，离不开书香溢满整个校园。

人创造环境，同时环境也创造人。读书活动的开展，读书习惯的养成，读书风气的形成，离不开书香校园的熏陶与浸润。

一个书香四溢的校园，哪怕穷乡僻壤，它也会洋溢着快乐与幸福；一所书香味道很浓的学校，即使条件很差，它也可能成为一所孩子们喜欢的学校。

通过营建书香校园，让浓郁的书香在校园弥漫荡漾，让书籍成为最易获得的资源，在校园随时随处与孩子相遇，为每一位孩子寻找到此时此刻最适合他们的阅读书籍，让书香润泽孩子，荡涤孩子心灵，让这些书籍，点亮每一个孩子的灵魂，点亮每一个孩子的未来人生之路，点亮这个缤纷斑斓的世界。

再次，校长、教师要是读书人

最好的学习是自我学习，最好的教育是示范引领。读书活动的开展，其最终的成效取决于校长和教师。

对书香校园、书香班级的营建，除了校长和教师的观念转变，关键还在于校长和教师的读书。

一个人不可能把没有的给对方。要求学生读书，校长和教师应该读书先行，应该率先成为"读者"，应该首先成为读书人。只有校长和教师手不释卷，学生们才会嗜书如命。只有校长和教师真正拿起书来阅读，学生们才会兴趣盎然，意犹未尽。没有校长和教师的示范引领，就不可能有学生读书，也就不可能有有效的读书活动，"把开展读书活动作为一件大事来抓"完全有可能化为泡影，成为一句永远兑现不了的口号。

教育最美的风景是什么？那就是一所学校有一个喜欢读书的校长带领一批喜欢读书的老师陪着一群孩子一起读书。然而教育的现实却是，最应该读书的两个群体——校长和教师，常常以"忙""没有时间"为由，压根儿就不去读书，这是最可怕的。

试想，我们要求孩子读书，自己却不读书，孩子会认真地去读书吗？当不读书的我们在那里口若悬河、滔滔不绝地大谈读书，而且理直气壮、一本正经地要求孩子读书，这岂不是一个极具讽刺意味的笑话？

事实上，校长和教师不读书，并不是忙，没有时间，而是没有把读书当成一件重要的事情去对待。一个人一旦把一件事情当成生命中重要的事情，再忙，总会有时间，再紧，也总会挤出时间。

其实，校长和教师的读书，不仅仅关乎自己的专业成长、素养提升，还体现着对教育的态度、对孩子的情感，更是对一个国家、一个民族未来的忧思。

上天给了我们一把强大内心、打开眼界、认识自我的钥匙。读书，是一场永不告别的心灵盛宴，是一段永不停歇的成长旅程，是一种行之有效改变教育的良方，让我们尽情地享用吧！

在教育路上遇见更多的美好

——徐春光校长《遇见教育的美好》序

徐春光校长要出书了,并嘱我写一点文字。

写点什么呢?我想表达三句话。

第一句话,在教育路上的相遇很美好。同春光校长最初相遇,应该是在文字中。我的《修炼校长力》首版出版后,受到广泛关注,吉林长春市双阳区教育局副局长王晓娟还在做校长时便读过,她觉得挺好,对学校管理者很有帮助。后来她做了分管业务的副局长,便将《修炼校长力》推荐给全区校长。因此缘故,春光校长从网店淘到此书,于是在书中与我初遇。

随后他开始关注我在报刊上的文字,关注我的其他书籍,关注我所举办的一些活动。

再后来我们彼此有了微信和电话,我们便时常通过电话联系,通过微信交流,谈教育、聊阅读、论人生、话友谊、品生活……感觉都有相同的志趣,共同的情怀,一样的追求。

我经常说,这个世界上的一切都是一种相遇,其他如此,人与人亦然。人海茫茫,能够在天南地北中如此相遇,既是一种缘分,又是一种福分,还是一种注定。在教育路上同春光校长相遇,更是一种美好!

第二句话,做人做事,只要坚持,就会收获无限可能。2018年5月,由中国陶行知研究会农村教育实验专委会与广州私立华联学院发起,在广州私立华联学院成立了"乡村教师培训学院",并举办了第一期乡村校长与教师研修班,春光校长成为经过遴选后的100名学员之一。

在广州研修班相见,应该是我们的第一次见面。我还记得,当时彼此见面时,握手、拥抱、寒暄,是那样高兴,那样激动。春光校长作为教育人的那种文雅、谦逊、笃定,还有作为东北汉子的那种朴实、刚毅、豪爽,给我留下了深刻的印象。

后来在学习期间,我们经常在一起探讨交流,特别是阅读和写作的话题。春光校长说,这些年我一直坚持阅读,坚持笔耕,用文字影响了很多教育人,也用文字改变了一些学校、一些地方的教育。他说他就是最大的受益者。他还对我说,他也喜欢阅读,也喜欢写作,但总是断断续续的,总感觉天天瞎忙,没有很好地坚持写作。我对春光校长说,什么叫忙,心亡则忙。不是因为我们忙,而没有时间坚持阅读和写作,很多时候是因为没有坚持阅读和写作,所以才显得忙。

阅读和写作,对于一个教育人的成长太重要了,它们犹如给一个人添了两翼,能够让我们在教育的天空自由翱翔。对于一个老师而言,书教得好,能成为好老师,要真正成为名师,必须阅读,必须写作;对于一个校长而言,校长当得好,能成为好校长,要真正成为名校长,同样必须阅读,必须写作。

对于阅读和写作,我们只要养成了一种习惯,使它们成为如同吃饭、睡觉、穿衣、洗漱、喝茶等这些必不可少的一种生活方式后,它们就会一直伴随着我们,哪一天缺少了,我们的生活便总会空落落的,时光也似乎少了意义。

我记得春光校长当时眼一亮,说他明白了,从现在开始,他也要过一种有阅读和写作相伴的教育生活。

我半开玩笑说:"那也争取三五年之后出一本书?"春光校长略略一笑,似乎有点腼腆地反问:"我能行吗?"

文学创作,那是需要天赋的,但校长和老师的写作,就是立足教育的当下,想到了什么，就写什么，做了什么，就写什么，收获了什么经验，就写什么，吸取了什么教训，就写什么。教育反思、教育叙事、教育日志……太多可写的方面了，但关键还在于你愿不愿意写，能不能够坚持写。

教育的写作是为了促使自己不断阅读，不断思考，不断提升自我的素养、教育理论及管理水平。而教育写作会让我们过上一种与众不同的教育生活——远离喧嚣，远离浮躁，远离功利，远离应酬，远离迎来送往，让自己的每一片时光鲜亮，让自己的每一个日子都充实，让自己的人生能够丰盈。当然更重要的是示范。

这些年的阅读与写作，让我自己拥有了一种志趣，积淀了一种爱好。我经常对校长、老师们说，一个人不能把全部时间给了工作，给了教育，给了孩子，我们还要让自己有些志趣与爱好。如今，我虽已离开了教育管理岗位，但仍然能够坚持阅读，坚持写作，坚持做自己喜欢做的事情，让自己人生的下半场同样活出一种精彩。

更没有想到的是，当时与之交谈的这一番话语，竟然在春光校长心中生根发芽了，所以当春光校长第一时间告诉我他要出书时，我特别激动。好似这里面倾注了我的一份情感，一份约定，一份期许。

重要的是我想告诉大家，由春光校长这几年的阅读、写作到有自己的作品问世，说明了坚持的重要性，体现了坚持的力量。

一个人的差异不在于起点，不在于天赋，不在于条件好坏，而在于不断地坚持；一件事情的成败，不在于难易，不在于大小，不在于天时地利，也在于不断地坚持。

有梦想就有希望，有付出就有收获，有坚持就有奇迹，在不断坚持下，就有了无限的可能。

第三句话，一个教育人不断地阅读和写作，会给教育带去更多希望和美好。春光校长的文字也许没有惊天动地，没有波澜壮阔，没有高深的理论，没有斐然的文采，没有绚丽的词汇，但一个教育人坚持不懈地阅读与写作，甚至推出自己的作品，其意义已经超越了它本身，表明他还有梦想，还有激情，还有追求，还有对教育改变的渴求，还有对美好教育的孜孜以求。

他的作品《遇见教育的美好》，便说明与证明了，他就是这样的一个教育人。

这些年的不断阅读与写作，让他有了书生气质，有了读书人的样子，有了对教育的深刻理解，有了教育生活的充实，有了澎湃于胸、萦绕于心、永远也挥之不去的教育情怀，也有了在管理与教育教学中的顺风顺水与游刃有余。

这些年的不断阅读与写作，也让他的学校——长春市一五六中学——有了很大的改变。之前，我应邀为长春市双阳区的骨干教师做讲座，春光校长去机场接我，我们顺道去了他的学校。学校学陶师陶，以行知文化立校，陶园、行廊、知亭，还有行知果园、行知农场、行知书屋，浓郁的文化气息扑面而来，让我们领略到了这个校园的清爽美丽和这个学校所呈现的教育的美好。

这些年的不断阅读与写作，更让他用自己的改变给更多的校长、老师带去了改变。他用他的阅读与写作，用他的成长与改变，带动了广大教师的阅读兴趣，激励他们走上了通过阅读与写作实现专业化成长的道路，而他也先后被认定为长春市专家型校长、长春市教育科研型名校长、长春市杰出校长、吉林省中小学校长培训师资库专家，他现身说法，多次开讲，从一所普通乡村学校走上了省、市校长培训班的讲台。在中国陶行知研究会农村教育实验专委会的大邑年会、合江年会上，他也多次做精彩的分享。他用自己的阅读与写作去引领更多的校长、老师开启了阅读与写作之旅，用自己的思想与情怀去点燃和启迪了更多的校长、老师的思想与情怀，让更多的校长、老师能够在教育路上从容行走，在改变自己的同时改变教育。

《遇见教育的美好》的一章章，一篇篇，一字一句，都浸透并凝聚着徐春光校长对教育的思考，对教育的情感，对教育的心血。品读书中的文字，犹如在平静湖面上投下一粒粒小石子，会在我们的教育心湖荡起层层涟漪；也犹如一个个跳动的欢快音符，会在我们的教育苍穹奏出动人乐章。

　　我在想，像徐春光校长这样的教育人多了，教育才会充满希望，变得更加美好！

"醉"是书香能致远

世界读书日快到了，近日教育部等八部门又启动了全国青少年学生读书行动，并印发《全国青少年学生读书行动实施方案》，其中谈到书香校园建设。

对于书香校园建设，我一直在主张，而且一直在不遗余力地推进。但是也常常听到反对声，说学校本来就是读书的地方，还要搞什么书香校园建设，那不是多此一举吗？

我之所以一直推崇书香校园建设，是因为一方面，当下校园的读书殿堂，很大程度上被异化成重复训练、反复刷题；最该读书的孩子错过了最佳的读书季节，最该读书的老师也因只读教材、教参而停止成长，过早产生职业倦怠。最该多滋多味、五彩斑斓的教育，却走进了应试的胡同。

另一方面，读书是需要一定的氛围的。你在元旦、春节等节庆，是不是能感到不一样的吉祥喜庆？你进入宗教庙宇或殿堂时，是不是会感到特别神圣？你进入图书馆，看到一群人都在用心地读着书，是不是一下子就有了读书的冲动？其实，这些都是氛围所致，都是某种氛围带给我们的独特情绪与感受。

阿基米德说："给我一个支点，我可以撬动地球。"我要说："给我一个支点，我可以撬动教育生态的改变。"这个支点，我觉得，便是书香校园建设。

书香校园建设，应该把学校建在图书馆。让校园因到处环绕陈设的开放式书架、书壁、书柜、书橱，而成为离师生们最近。书籍都能触手可得的阅读区。这既有利于阅读氛围的营造，又方便师生随时随地地阅读，易于良好阅读习惯的养成。

书香校园建设，应该赋予浓郁书香以文化。其实，"书香校园"本身就是一种文化，书香文化是一种独特而独具魅力的文化。一个校园书香飘逸、芬芳馥郁，也必将成为一道璀璨夺目的文化风景。

因此，应将书香校园纳入校园文化建设的重要组成部分，统筹规划，通过实实在在的书香文化建设，彰显一所学校的办学理念与办学特色。师生浸润其中时，必将产生潜移默化的影响。

书香校园建设，应让学校最有学问、最爱阅读的教师担任图书管理员，这一点很重要。通常情况下，很多学校都是把年龄大、身体不好、不能胜任教学工作的同志，安排去管理图书。不少人把管理图书作为一项杂事，一个苦差事，仅仅把图书管住而已，根本做不到管用结用，更难胜任阅读的普及与推广工作。

书香校园建设，应该开展丰富多彩的阅读活动。例如形形色色的阅读主题周、主题月、主题季，进行阅读之星、书香教师、书香家庭、读书人物的评比，还有主题阅读、写作竞赛、美文朗读、亲子共读的展示，更有读书论坛、读书沙龙、读书演讲等活动的开展。

书香校园建设，应该构建"阅读共同体"。阅读共同体是阅读生活的一种基本组织，也是一种理想的阅读生态。

阅读共同体通常是由教师、家长、学生共同建立的一个相互尊重、相互倾听、相互协作、共同阅读与交流的阅读场。

在这个"场"内，教师、家长、学生共同制订阅读计划和目标；通过各种阅读活动，不断开展阅读实践与反思，共同解决阅读中遇到的问题，在阅读中与孩子共同成长。

构建阅读共同体，可以让教师、家长、学生在知识旅程的跋涉中不孤单，在书籍的世界中徜徉而不寂寞，在读书的过程中沉浸其中不放弃；让每一个参与的个体，有一种归属感，切实感受到阅读的乐趣、共同体的舒适；用真切的体验告诉大家——阅读本身就是一件快乐的事、一件美好的事，阅读不是负担、更不是痛苦的事。

书香校园建设，应该拓展阅读空间。未来学校的阅读样态，不仅仅局限于图书室、校园，而应充分打开图书室、打开校园，为孩子创造一个又一个链接书本、链接生活、链接名家、链接校园、链接家庭、链接社会、链接世界的阅读场景，让孩子在广阔的阅读场景中，博采众长。

书香校园建设，应该加强阅读指导。一些学校书籍漂流起来了、阅读活动也开展起来了，但是却缺乏有效的阅读指导。

让书籍存放于校园各个地方、各个角落，让书随时能与师生相遇，还有学校组织开展的阅读活动，这些做法，的确有助于学生阅读习惯的养成，也能够推动书香校园建设。但我以为，这容易停留于形式，而且其阅读往往是浅层次的，有效性也不强。因此，应该开设阅读课程，以课程的形式保障学生阅读的质与量。特别是上好阅读指导课，教会孩子读书方法，激发孩子读书兴趣，让孩子更进一步认识读书的意义，真正达成"阅"有所"获"，"读"有所"至"。

这段时间在全国各地行走，看到一个个书香校园优雅呈现，十分欣慰。我们期待，所有的校园都能书籍飘香，芬芳四溢！

阅读，是最好的陪伴

有人说，陪伴是最好的教育。

有人说，没有陪伴，就没有教育。

还有人说，父母的陪伴决定了孩子的人生底色。

更有人说，优秀的孩子都是父母陪伴出来的。

这都说明家庭教育中，陪伴的重要性。

陪伴的方式很多，可以陪孩子尽情玩耍，陪孩子走进大自然，陪孩子游历旅行，陪孩子运动锻炼，陪孩子一起看电影，陪孩子做手工，陪孩子劳动，陪孩子参加公益活动，等等。

我要说，在众多的陪伴中，阅读，是最好的陪伴。

阅读的陪伴，它是成本最低的陪伴，也是见效最快的陪伴，更是风景最好、质量最高、具有持久性的陪伴。

之所以是成本最低的陪伴，是因为书是世界上性价比最高的商品，只需花上一点钱，就可以买到一个作者在那段岁月的所有经历与体验，获得世界上某一领域最有建树的思想和观点。

之所以是见效最快的陪伴，是因为和孩子一起读书的过程，也是父母自我成长、不断成长的过程，还是让孩子从父母的陪伴里感受到爱和温暖，从而构建良好的亲子关系的过程，更是了解孩子，发现孩子的喜怒哀乐、喜好兴趣，走进孩子内心世界的过程。

最好的成长是父母成长后陪着孩子一起成长；好的关系就是好的教育；只有了解，才能理解，只有发现，才能呈现，只有走进，才能改进。陪伴孩子阅读，这无疑是最好的方式。

之所以是风景最好的陪伴，是因为父母时常陪伴在孩子身边，或展卷同读一本书，或各自手揽一册书，沉浸于文字中、陶醉于油墨飘香里、沉醉于各自的想象空间，是一个屋檐下最曼妙的风光、一个家庭最美的风景。

之所以是质量最高的陪伴，是因为阅读很重要，阅读的陪伴亦是心灵的陪伴、精神的陪伴，是让孩子在内心的触动、灵魂的升腾、情感的共鸣、思想的碰撞中，丰盈知识，打开眼界，拓展思维，陶冶情操，提升素养，塑造他们的人生观、世界观与价值观。

之所以是具有持久性的陪伴，是因为和孩子一起亲子共读，不仅仅是当下父母和孩子一起读书，更重要的是，在潜移默化中，帮助孩子养成良好的阅读与行为习惯。一个孩子有了良好的阅读习惯，就具有了终身学习的能力；一个孩子有了良好的行为习惯，就具备了做人做事的优良品质；一个孩子养成了良好的阅读与行为习惯，可以说是父母给了孩子能够陪伴他们一生的宝贵财富。

绘本大师松居直曾在《幸福的种子》一书中说："念书给孩子听，就好像和孩子手牵手到故事国去旅行，共同分享同一段充满温暖语言的快乐时光。而亲子之间丰富的语言交换，是送给孩子最大的财富。"

阅读，对于父母对孩子的陪伴如此重要，那么父母如何用阅读陪伴孩子呢？

第一，在家庭为孩子布置一个温馨、自由自在的读书空间。在这里，给孩子买很多很多的书，把房间布置成书的海洋，把书放在孩子视线随时可及的地方，让孩子能够做到随地可取、随处可翻、随时可读；在这里，有一个巨大的"场"，那就是浓浓的阅读氛围，让孩子见到书，就会被吸引，就有阅读的冲动。

第二，父母必须成为阅读者。每天不管多忙，父母一定要拿起书来读。最好的教育莫过于示范，让父母成为孩子在成长过程中最好的读书榜样。当父母随时都在陶醉地阅读时，孩子也会被吸引，从而产生阅读的欲望。我以为，一个喜欢阅读的父母，更能让孩子喜欢上阅读。

第三，父母一定要安排时间陪伴孩子阅读。现实生活中，一些父母忙于工作，疏于对孩子的陪伴，至于陪伴孩子阅读，那更是一种奢侈。

记得很早的时候，"芒果台"有一档节目叫《变形记》。里面的很多案例，哪怕到今天回忆起来，仍旧给我们以深刻的反思与启迪。

为何骨肉相连的血脉至亲竟会如此相互对骂？为何小小的孩子会对养育自己的父母大打出手？

看着那些父母两鬓的斑白、看到他们婆娑的泪眼，有可能很多人会指责这些孩子的自私与冷漠。但是从事物的另一个角度，我们是不是更应该思考为人父母者在教育路上，是不是少了一些责任，少了一些陪伴呢？

父母陪伴孩子阅读，既要有时间保证，还要神情专注。静下心来，用心陪伴，让彼此都能徜徉于书籍的温情里，聆听人类沉淀在心底的清音与旋律。不能一边玩手机，一边看电视，把陪伴阅读弄成分心走神，装模作样。否则，孩子会觉得阅读是一件可以假装的事，便很难做到全身心投入阅读中。

第四，父母对孩子的阅读贵在引导，而不是控制。一方面，要允许孩子以自己喜欢的方式看自己喜欢的书。亲子阅读主要是陪伴，不是考核，更不是监督。孩子的阅读一定是自由式、宽松式，不必搞得紧张兮兮的，也大可不必像做作业那样，还要限时，还要检查，还要判出个对错。如果非要这样做，实际上已宣告了孩子对阅读的排斥与厌烦。

另一方面，阅读要激发孩子的阅读兴趣。在给孩子选书时，要顺应孩子的心理特点，以孩子的阅读兴趣为出发点。有些家长不会选书，对孩子的阅读能力缺乏了解，往往从自我出发，以制高点绑架孩子阅读，选择了不适合孩子阅读的书籍，导致孩子丧失了对阅读的兴趣，最终得不偿失。

同时，陪伴阅读的方式要随年龄而变化。幼儿时，父母读给孩子听；识字以后，父母与孩子一起读同一本书，父母可以提出几个问题让他们思考；到了初中，父母与孩子可以各读各的，父母不只是他们的引领者，更多时候是平等的分享者，甚至是他们的倾听者。

第五，给孩子建立一个买书基金。读书需要藏书，藏书需要买书。父母可以把平时用于孩子的零花钱、压岁钱转化为"买书基金"，让孩子在买书挑书上有经费保证，有足够的自主权，能够买到自己喜欢的书籍。

特别是父母还应该定期留出时间陪孩子去书店逛逛。陪孩子逛书店，陪孩子买书挑书，亦是享受天伦之乐，更是对孩子阅读的另一种有效陪伴。

父母给孩子最好的爱，就是陪孩子一起阅读。愿天下父母都能尽阅读陪伴之责，以阅读陪伴，改变家庭教育；以阅读陪伴，让教育的明天更美好！

不断精进中超越

——王丽君《专业反思：精进教师教育自觉》序

王丽君老师要出书了。

前不久，她发来书稿，嘱我为其写点文字。尽管这段时间比较忙，我还是欣然应允。

因为她一路走来，我一直见证着她的成长，一直见证着她通过不断阅读、思考、写作，所带来的生命的滋滋拔节和积极向上，一直见证她靠勤奋、执着、坚守，让自己的教育人生有着很多人羡慕的多姿多彩。

十八九年前，我刚担任教育局局长，那时王丽君老师还是城区一所学校的办公室主任。在办公室主任培训会上，我讲到了老师如何由读书、思考与写作，走向卓越与幸福。她下来告诉我，她在读师范时，便在当时的相关语文报刊读到过我的文字，对她启发帮助很大，她由此也喜爱上了写作。

她说，遗憾的是，参加工作后，因为所谓的"忙"和没有时间，对写作没有很好地坚持；是我的一番话，还有我在写作上的坚持，唤醒并点燃了她写作的热情。

这之后，她又拿起笔坚持写作，写教育叙事、教育反思、教育日记上。我也因此时常在《中国教师报》《中小学管理》《四川教育》《教育导报》等报刊上读到她的文章。

由于王丽君老师的教学业绩以及在学校管理岗位的历练，后来教育局决定派她到城郊的一所学校担任校长。按初衷，是想她用理念与情怀，去引领一所学校的老师，去改变一所学校的面貌。没想到在宣布之后，她却执拗着坚持不愿做校长。

她谈了她的理由：当校长，不是她擅长的，也不是她的追求；她喜欢教学，热爱教研，想在自己的专业方面有所精进、有所发展。

作为教师，按照世俗的价值标准与取向，能够担任校长，不是容易的事，然而她却为了自己的专业而能够"放下"，则更难能可贵。基于此，我们接受了她的"不服从"。

再后来，教育教学研究室需要一名小学英语教研员，她很符合条件，于是她到了教育教学研究室做了专职教研员。

过去，教育局曾办了内部刊物《名城教育》，由宣传科负责。由于人事的变动，负责杂志编辑的人员空缺，当时想调她到机关编辑《名城教育》，征求她的意见。她说，教育局机关尽管人们很向往，但她还是想干她的专业。

多年的管理实践，我以为管理其实很简单，说到底，就是"人"的管理。一方面是把人当作人，让人享受人的待遇与尊严。另一方面，就是如何用好人，如何把合适的人放在合适的位置上。

把王丽君老师放在教研岗位上，让她干上了她喜欢的教研工作，感觉她如鱼得水、如鸟归林、如雁翔空。

一个人最大的幸福，就是远离羁绊与束缚、喧嚣与浮躁，能单纯地做事，做自己喜欢的事。

王丽君老师做上了她自己喜欢的事，便心无旁骛，投入其中。她在书籍的海洋里徜徉，在反思的天地里遨游，在写作的世界里驰骋，在教研的沃土里耕耘，尽情地享受着教育本身的乐趣，体验着一个教研工作者的职业幸福。

功夫不负有心人，这些年王丽君从一名普通的教师成长为四川省骨干教师、四川省教学名师、四川省特级教师、四川省王丽君名师鼎兴工作室领衔人，并晋升为中小学正高级教师。其教研成果一项获国家基础教育教学成果二等奖，两项获省人民政府教学成果一等奖。

这些年，她一路走来，阅读着、思考着、记录着、写作着，如蜂酿蜜、似蚕吐丝，以课堂为主线、以教育现象为窗口、以教师成长为枢纽，形成并发表了百余篇文章。她择其优秀文章结集出版，我以为这是一件很有意义的事，既是对她自己的一个成长阶段的精妙小结，又是她对未来新征程吹奏的冲锋号角，更是对更多教师，特别是年轻教师如何成长、如何演绎教育人生的"现身说法"。

作为第一读者，在大致看完书稿后，我印象深刻的是，该书不管是对教育现象的剖析、教育问题的诊断，还是对当下课堂的审视、教学技艺的创生，乃至教育理论的追溯、教育规律的探讨，都独辟蹊径，鞭辟入里。读一篇篇小文，犹如观赏一幅幅白描中国画，又似欣赏一曲曲脍炙人口的轻音乐，让人倍感亲切、放松、豁然。

尤其是书中的一个个小标题，比如"静待拔节与花开""智斗'铁嘴巴'""教育是唤醒后的期待""课改，更要改课""朴素教育源于朴素心""做经师，更要为人师""心灵在阅读中滋养""爱，在心底流淌""家校同化，心语同步""平凡琐屑中的精彩""困境因抉择而变"等，形象生动，极具哲理，富有诗意，教人思辨。在被激发出的一种极强的阅读欲中，让人们急不可耐地想一揭神秘面纱，一睹动人风采！

写作，不仅记录心得、呈现经历，而且流露心迹、表达情感，更重要的是，促进反思、倒逼阅读。过一种令人向往的写作生活，应该是一件十分愉悦而幸福的事。

对于这一点，我体会到了，王丽君老师，应该也真正体验到了。相信有王丽君老师的示范，有这本书的引领，更多的老师会慢慢体悟到其中的乐趣与美好！

第八辑
行走与发现

难忘华南师大行

2022年10月,我应邀参加广东省普通高校特色新型智库、华南师范大学基础教育治理与创新研究中心第三届年会暨教育促进共同富裕与乡村学校发展论坛,由南充飞广州。

会务组很用心,安排接机的小女孩何文燕,四川旺苍人,是老乡。文燕告诉我,她大学就读于成都师范学院,今年考上华南师范大学学前教育研究生,八月底才入学。她的家在旺苍的大山深处,父母都是农民,文燕让我看到了大山里女孩特有的那种质朴。

广州私立华联大学创立于1990年,是当时广州第一所民办大学,由华南师范大学退休教授侯德富和华南理工大学、暨南大学等几位老教授联合创办。董事长、校长侯德富具有博大的平民教育以及乡村教育情怀。2018年元旦前一天,那是我第一次走进这所大学,同教授、学生交流,与侯校长接触,当时他已88岁高龄。我深为他崇高的精神与人格魅力所感动,当天夜不能寐,靠在床上写下了《侯德富:中国民办教育的"拓荒牛"》一文,后来发表在2018年2月7日的《中国教师报》上。

在侯校长的提议下,中国陶行知研究会农村教育专委会与广州华联私立大学共同成立了乡村教师培训学院。2018年5月和2019年7月先后举办了两期乡村教师培训班,精心的设计,用心的组织,为此产生了广泛而深刻的影响。

应该是三年没见到侯校长了！入住酒店后，第一件事情便是给他发去信息，告诉他我到了广州，住在华南师大。侯校长即回复，他在暨南大学的家里，华南师大与暨南大学挨着，如果方便的话，下午四五点钟就在附近的咖啡厅见见面。我们约定四点，他在华南师范大学正校门等我。

下午四点半，文燕带我到了华南师大正校门，侯老已等候在那里。彼此遥见，挥手。相见，拥抱。激动而温馨，热切而美好。三年了，终于见到了三年未见的侯校长，过去的一切如穿越时空，历历在目，让人情不自禁热泪盈眶。

侯校长今年已92岁，身板仍那么硬朗，精神仍那么矍铄。他带我们来到一家咖啡馆，一边喝咖啡，一边聊乡村教育，聊华联发展，聊培训班所播下的乡村教育火种，他的思维仍是那么敏捷，谈吐仍是那么睿智，对未来的华联以及中国的教育仍是那么充满期待，对乡村孩子与乡村教育仍是那么情有独钟，饱含深情。在旁边听的文燕都惊呆了，她说她简直不敢相信，这竟然是一位92岁的老人。

两个小时一晃而过。晚上华南师大有活动安排，我们匆匆告别，依依不舍，只能在内心深深地祝福侯校长，祝福华联。

胡劲松，华南师范大学教育科学学院原院长，现华南师范大学基础教育治理与创新研究中心主任。胡主任个儿不高，却显得特别精干，眼睛不大，镜片里透出的眼神却深邃犀利，他脸庞瘦削，却苍劲刚毅，那亮晶晶的"葛优头"，更闪耀着智慧与幽默的光芒。

晚上他带领他的团队同我们一起茶叙，在交流与摆谈中，大家深为他的学养深厚、豁达谦逊所折服。论年纪，我们估计他在四十开外，然而他却说他马上就要退休了。我感慨相由心生，情由心出，事由心成，胡主任的"年轻相""亲切感""美好态"，皆由"心"使然，都是对"心"的折射。

第二天上午8点40分，论坛在华南师大如期开幕。会议围绕乡村学校的学生全面发展、乡村学校的教师队伍建设、"双减"赋能乡村学校内涵发展、教育信息技术助力乡村学校改进开展研讨。在上午的"基于共同富裕视角下的乡村教育政策探讨"报告环节，我做了《让乡村教育朴素而体面地活着》的主题报告。

刘良华，华东师范大学课程与教学研究所教授，广州市海珠第二实验小学教育集团总校长，曾经工作于华南师范大学。良华教授是我早已心仪的著名教育学者，十多年前我就开始读他的教育著作，一直受益受教。这次在华南师大邂逅，有相见恨晚之感。

荣幸的是他被主办方安排为我报告的"呼应人"。所谓"呼应人"，其实就是我们通常所说的"点评人"。为什么安排良华教授？按主办方所说，我们俩都具有那种激情而诗性的特质与教育潜质，且一个"顶天"，一个"立地"，优势互补，可以碰撞出很多火花。

他诗意风趣、妙语连珠的点评，为上午的主旨演讲画上了一个圆满的句号。特别是他提出的"乡村孩子上大学越来越难""乡村教育发展呈现'库兹涅茨曲线'"的两个基本判断，以及呼吁的乡村孩子不要带着厌恶的眼光逃离乡村，应以"振兴家族""振兴乡村"作为自己的奋斗目标，去反哺乡村，成就人生，可谓醍醐灌顶，振聋发聩。同时他对我的鞭策与鼓励，也将是我今后前行的动力。

下午环节是广东乡村校长论坛，湛江雷州市唐家镇中心小学校长宋鹏的"推进幸福教育，助力教师专业成长"；梅州市大埔县大麻镇英雅家炳学校校长李源炼的"立足本土特色，挖掘优秀地方文化，依托本地资源建设校园文化，以文化立校"；云浮市郁南县连滩中学校长刘兴华的"通过学生的自主学习，自我管理，自然教育，唤醒学生对美好生活的向往"，等等，给了我很多启发，也让我对广东乡村教育的发展有了全新的认识。

在华南师大，我还认识了中国教育学会副会长、华南师范大学附属中学原校长吴颖民，华南师范大学教育科学学院院长李盛兵，华南师范大学教育科学学院教授、博导方征，肇庆学院副院长肖起清，汕尾市教育局副局长李昊等新朋友，大家相遇在一起，一说到教育，都有很多的话题，都有不尽的担忧，也都特别的兴奋与激动。

我去过不少大学，也参加了很多活动，华南师范大学一班人除了做事的细心、精心，还有他们浓浓的人文情怀，以及所体现的人性温暖、所彰显的人本关切，给我们每个与会者都留下了深刻的记忆。

离开华南师大好几天时间了，在华南师大一切的一切，却还在脑际萦绕，在心间荡漾……

高县教育拾英

这是我第六次走进四川高县了,记得第一次到高县是在四年前的春暖花开季。

每一次走进高县,看学校,和高县的教育同仁聊教育,感受高县教育的日新月异,每一次都有新体验、新收获,都有不一样的感觉与感悟,这一次更不例外。

高县有个"李晓玲名校长工作室"

这两年到高县,最大的感受就是,高县的教育人,无论是校长还是老师,教育热情都全部被点燃了,他们的教育激情都像一夜之间迸发了出来,人人思的是教育,个个谈的是教育,在一起碰撞的还是教育。这得益于李晓玲校长,她就像是被放进高县教育的一尾鲇鱼,让这池平静的春水,荡起了层层激浪。

李晓玲1999年担任高县"窗口"学校——高县第一实验小学校长,20多年的校长生涯,她放弃了所有的调任与提拔机会,把所有本可以自己享用的荣誉、待遇,全部让给了年轻教师。她用自己的坚守与执着,情怀与智慧,用心做教育、办学校,让学校成为川南一颗耀眼夺目的明珠。

三年前,李晓玲校长到了退休年龄,但高县教体局"恋恋不舍"她丰富的管理经验、先进的办学思想、鲜活的教育理念,再三挽留。当时她一来不想打破规矩，二来也想回宜宾和家人在一起，拒绝了。后来高县教体局执拗不过，反复做工作，为她成立"李晓玲名校长工作室"，聘她为领衔人，以发挥她的辐射与引领作用。出于心中那份永远也挥之不去对教育的情愫，李晓玲校长答应了。

这之后，她比之前担任校长还忙了，不管是春和日丽，夏日炎炎，还是秋高气爽，寒风凛冽，她都往返于宜宾与高县，奔波于学校与学校，行走于教育追梦的路上。带领着二十多名幼儿园、小学、初中校园长，美化环境，生成特色校园文化，建设书香校园，研发校本课程，变革传统课堂。

李晓玲校长深知，发展教育必先发展校长、发展教师。她还通过读书班、读书沙龙、专家讲座、课改实操培训、工作室研讨、外出参观学习等形式，给校长和老师"充电"，提升他们的素养，夯实他们办高品质学校和教书育人的功底。

三年来，工作室中的二十多所学校，在校园文化建设、课程建设、教师队伍建设、学生核心素养的提升以及课堂教学改革等方面，都发生了翻天覆地的变化，"一校一品""一校一特色""校校有看点""校校有亮点"的格局基本形成。在成员校的带动与影响下，全县各级各类学校都有了较大的改观与发展，一大批富有个性的特色学校如花朵一样竞相绽放，呈现出"各美其美，美美与共"的高县教育生动而多彩的样态。

不仅如此，李晓玲名校长工作室还影响到了长宁县、筠连县、珙县、江安县、冕宁县等周边县域，成为变革与推动当地教育发展的重要智库与力量。

墙内开花不仅香及墙内，也芬芳绵延墙外。今年四川省评选首届"四有"好老师，李晓玲校长入围其中。

心怀教育烛火，这是她心心念念之所想；为了一方教育的体面而美好，这是她一直的孜孜以求！

从"匪气"校长变成"课改校长"

第一次见黄守龙校长，是在 2019 年 4 月，当时李晓玲校长陪我参观了她的实验一小，还有文江小学、蕉村中心校、渔舟小学、嘉乐小学，随后来到黄守龙校长的嘉乐中学。

说实话，初见嘉乐中学，初识黄守龙校长，黄校长给我的感觉是，有些"匪气"，似乎少了一个校长应有的"书生气"。

后来嘉乐中学遴选为"李晓玲名校长工作室"成员校，黄守龙也自然成为工作室成员校长。或许是相互的影响，彼此的改变，再或许是环境的造化，团队的力量，更或许是自我的觉醒，学习的提升，用心的投入，嘉乐中学及其校长黄守龙，在三年多的时间里，奇迹般地变了。

学校改造了环境，修建了教学楼，扩建了运动场；师生动手创建了"和美"文化，"和美"的芬芳弥漫在了校园的每个角落；营建书香校园，开展读书活动，让书成为师生身边最高效的资源；结合课后服务，开设了乡村孩子喜闻乐见的各种社团，用活动给每个孩子搭建了个性化成长的平台。

学校在工作室的指导下，积极推进自导式课堂教学改革，探索"自导式"教学实践的路径和方式。通过"自发启动、自觉能动、融合创新"三个阶段，奏响"理念变革、课例示范、反思提升"三部曲，从而助推了教师专业的快速成长，培养出了一批批自信灵动、积极上进的学生，也让学校焕发出了前所未有的生命力。

在乡村学校日益萎缩的当下，嘉乐中学的学生却由黄校长接手时的 200 多人，增加到现在的 592 人。

一次李晓玲校长带工作室成员校长到阆中、大邑参观学校，我全程陪同，在与黄守龙校长接触与交流中，让我感到诧异的是，相对于第一次见到的他，现在的他精气神足了，言谈举止更多彰显出一个校长应有的儒雅、对教育应有的情怀、对办好学校应有的信心和认识。

这次到高县和黄校长相见，更让我吃惊的是，一个曾经有点"匪气"的校长，竟然通过潜心做教育，全情投入教育，在成长孩子的同时成长自己，在改变教师的同时也改变了自己——身上的"匪气"荡然无存，浑身所弥漫的尽是书生气，十足的一个"书生校长"。

高县教体局局长苏德强告诉我，暑期人事调整，他征求黄校长意见，想调他到城区学校担当更重要的任务，但黄校长推掉了。他说他的根在乡村，他热爱乡村教育，喜爱乡村的孩子，他舍不得离开他们。更重要的是，他在学校推进的自导式课堂改革才刚刚起步，也初见曙光，他害怕折腾会把课改葬送掉。

我笑着对他们说，曾经的"匪气"校长，现在不仅成为"书生校长"，而且变成了"课改校长"。这就是教育的力量，教育的改变！

相貌因阅读而更美好

我的新书刚一出版，李晓玲校长便为工作室的成员人手订购了一册，这次在我为高县校长暑期读书班做课改讲座期间，举行了一个简短的赠书仪式。校园长一一递上书，让我签名。当在接下来的一本书上签名时，"汤老师，认识我吗？"一个女士问蒙了我。

我一时竟没有认出。六次到高县，去了不少学校，我和很多校长都成了朋友。又特别是"李晓玲名校长工作室"里的成员们，我给他们做过多次讲座，还时常在一起交流探讨。我对这些校园长更为熟悉，他们也经常性参加我的一些活动，我不可能叫不出名字！我还在大脑里努力搜索名字的时候，"汤老师，我是谭艳呀！"递给我书的这位女士提醒我。我惊呼："谭艳！谭艳你变化怎么这么大啊！像换了一个人似的，竟让我一时认不出！"

旁边的硕勋中学校长余华勇、硕勋小学校长罗林忠对我讲，谭艳这几年除了坚持锻炼，就是坚持读书，坚持带领老师和孩子们一起读书，在她的引领下，高县逸夫小学的师生们过上了有滋有味的阅读生活。

我一直主张校长和老师读书，在我看来读书是最好的化妆，最好的护肤，最好的美容，最好的修炼。坚持读书会让我们的气质与众不同！

谭艳的变化，便足以佐证！

"真教育，不差分"

王小飞，80后，已经做校长十多年，这是一个很有想法、很有情怀的校长，刚刚被安排到高县实验二小担任校长。

他之前的文江镇小学处于城郊接合部，具有得天独厚的资源和条件。这些年来，本着"办一所世外桃源的学校"，做对孩子一生成长负责的良心教育的宗旨，他带着老师、孩子们建农耕博物馆，感受老祖先的无穷智慧，回望老农具记载的沧海桑田，寻找每样农具背后的故事；建幸福农场，和老师、孩子一起在田间地头劳作，让师生指尖嵌满泥土，体验面向黄土背朝天的艰辛，一起分享劳动果实；和孩子们跳竹竿舞、滚铁环、甩大绳、荡秋千、抓籽儿、吹葫芦丝，带孩子们徒步登白塔，到田间地头、美丽的大自然，去看蓝天白云，日起日落，听潺潺流水、鸟语蛙鸣，闻瓜果飘香、泥土芬芳，感受小鸟呓语、小草生长……他说，这才是小学，这才是小学教育该有的样子，这才是乡村孩子生命成长的最好状态。

当下应试教育为什么大行其道，为什么提了40多年的素质教育却犹抱琵琶半遮面，原因在于人们担心学校这样办教育，让孩子嬉戏玩耍、动手实践、参加劳动，把快乐还给孩子、把童年还给孩子，这样下去，孩子们会没有分数，教育会没有质量，学校会没有影响力。

王小飞告诉我，文江小学这些年坚持做真教育，不管哪个层面的考试检测，孩子们的分数，学校的成绩，都一直名列前茅。

他还说，值得自豪的是，孩子们除了获得应该获得的分数外，还获得了优秀的品质，健康的身体，积极的心态，全面发展的能力，而且文江小学走出的孩子，阳光自信，活泼可爱，到了中学，有后发力，老师们都喜欢。王小飞校长笑呵呵地对我说："真教育，不差分！"

这一点，其实在我过去的区域教育管理实践以及现在为教育行走的不断发现中，都深有感触。

在此，撷取几朵小浪花，记下，算是对高县教育以及高县教育人的致敬！

又见黔西

一次,刘兴春校长开车,威宁教科局的蔡书记陪同我去黔西市。两百多公里路程,两个多小时时间,便到了贵州的黔西市,这是我在一年之后再次来到这里。

当天晚上,见到了老朋友蒋刘恩,之前他由黔西教科局局长调整到毕节市第二实验高级中学任党委书记,记得他刚履新就给我打来电话,说现在有更多的时间和精力研究教育、思考学校管理、读书写作了,并且由衷而真诚地想拜我为师,我知道这是对我的鞭策和鼓励。

昨晚相见,一声"老师",一个鞠躬礼,让我受宠若惊。他对我讲,我的一些教育思想与理念,对他影响比较大。难怪之前我第一次走进黔西,所看到的黔西学校,不论是城市,还是乡村,都有曾经的阆中学校的影子,都有我所主张的朴素而幸福的教育的元素与符号。

一年后与蒋刘恩相见,感觉他更儒雅与书生气了,更豁达与从容淡定了,更精神与怡然自得了,对教育也更虔诚而执着,熟谙与地道了。

他说他这段时间前前后后写了一些文字,要发给我指正。我对他说,在做好学校管理的同时,一定要坚持阅读,坚持引领师生阅读,坚持把这些年的积淀和平时对教育的思考与感悟,梳理成文字,期待某一天有自己的作品问世。我笑着对他说:"这算是'老师'对你的要求与期望吧!"

当天晚上,还见到了黔西教科局张天星和黔西第一小学校长朱才利。去年见到的天星主任人既年轻，又仪表堂堂，在黔西的几天时间他一直陪我看学校，我们还去了他曾经担任校长的洪水学校，他总是春风满面，充满活力。这次相见，感觉他状态有些变化，似乎显得有点苍老与憔悴。我正在纳闷与困惑中，他告诉我去年 10 月他得了一场病，现正处于调理与恢复中。我叮嘱他，身体是自己的，是革命的本钱，一定要保重身体。

朱才利校长一直坚持学陶师陶，算是"老陶子"了。他曾经担任校长的锦星小学，是一所乡村学校。我之前来到该校，校园里 15 亩的劳动实践基地，基地里长势喜人的庄稼禾苗，还有精致的农耕博物园、开放式书架、读书长廊、各具特色的校园文化，让我眼睛一亮。这所乡村学校，就像镶嵌在贵州高原的一颗明珠，分外光彩夺目。

朱校长告诉我，这是他随时任教育局王局长 2016 年 1 月参加中国陶行知研究会在阆中召开的"朴素而幸福的乡村教育"全国现场推介会后，把在阆中学到的一些做法借鉴过来，活学活用，才让一所当时十分普通的乡村学校发生了巨大变化。这足见朱校长对教育、对学校的用心、用智、用情。

2017 年他由锦星小学调到黔西一小任校长。黔西一小作为老县城的一所学校，校园占地面积很小，他尽可能地利用学校现有条件创建校园文化、营建书香校园、研发校本课程，给孩子们搭建了更多发展可能的舞台，让学校的品质有了进一步的提升。朱校长告诉了我从我去年去了这所学校后，这一年来学校的新发展与新变化。

除了见到老朋友，还认识了很多新朋友——黔西教科局副局长吴馨霞、钱杰，贵州省名师、黔西教科局义教室的陈荣，我们虽是第一次见面，但聊到教育，都滔滔不绝，都有共同的话题与价值取向，都有相见恨晚之感。

祝福黔西，祝福黔西教育，也让我们共同努力，圆黔西梦，圆黔西的教育梦！

滕王阁小学，与美好幸福齐飞

五年多时间没有去滕王阁小学了。校长蔡均林一直约我去学校看看，一直没有找到合适的时间。

这次教育行走，从四川泸州到重庆彭水，再到山东聊城，又到四川的美姑、绵竹，持续二十多天，刚回到阆中，便接到蔡均林校长相邀的电话，恰巧这几天还有闲暇。

滕王阁小学是我在阆中教育局局长任上新建的一所学校，2012年年底纳入规划，2013年成立筹备组，按程序启动建设，2014年9月投入使用。尽管当时在拆迁上遇到了一些周折与麻烦，但还是在不到一年的时间里建成，算是体现了一种速度。

蔡均林校长、何英副校长开车接我来到学校，副校长王玉萍、王壹，几位中层干部何平、田小娜、张梅等已等在校门口，虽好几年没见，但是彼此都感到很亲切。大家问我，还认识他们吗，我呵呵一笑，然后一一说出在场每个人的经历与相关情况，大家都很激动，都惊叹于我的记忆好。

其实，十多年和大家在一起"摸爬滚打"，点点滴滴，早已融入生命中了，还需要靠记忆吗？

尽管天气炎热，他们仍陪着我在校园里转了一大圈，从操场到内院，从室外到室内，从大厅到廊道，这里的每一株树，每一株花草，每一栋楼房，每一面墙壁，每一个景观，对我来说，都是那么鲜活与熟悉。

蔡校长，做老师多年，书教得好，担任教科室主任、副校长，管理做得也很不错，加之人实诚，后来去了教育局，不管是在教育科，还是在监审科，工作都踏踏实实，深受大家喜欢与好评。前两年又去了督导责任区，相当于教办主任，"主政"一方教育。去年年底到了现在的学校。

这些年，不管是在哪个岗位，他都在力所能及地践行教育的朴素与幸福。到了新学校，他一直在思考怎样让"朴素而幸福的教育"在滕王阁小学落地，怎样办出孩子们喜欢的学校，怎样让师生过上一种快乐而幸福的教育生活。他说，他和他的团队已经酝酿与碰撞了好久，但还是感觉不踏实。

看完校园，我们于是来到他的办公室，一边喝着茶，一边聊起相关的话题。从文化的魅力谈到校园文化的创设；从给孩子们一生有用的东西谈到书香校园的建设、阅读活动的开展、孩子阅读习惯的养成；从因材施教，个性化教育谈到地方课程、校本课程、特色课程、各种微课程的研发；从"双减"下的减负提质谈到传统课堂的变革、有效课堂的生成与探索；从过去阆中学校丰富多彩的社团活动谈到当下课后服务的架构与推进；从教育的应试谈到不辜负每一个孩子、善待每一个孩子，让每一个孩子生命有枝可依；从现有的教育生态谈到教育的本原与本真，教育人的良知与使命、行动与担当；从教师的负担谈到教师的职业幸福、教师的专业成长；从校长的治校谈到凝聚人心、对老师的人文关切；从学校的发展，谈到我们应该把学校想办成的样子，以及我们穷尽努力，把学校能够办成的样子……

大家你一言，我一语，不拘形式，畅所欲言。蔡校长说他似乎茅塞顿开，对今后学校发展的方向与定位、落脚点和切入点有了一些新的认识。

我们在交流中，说到前任校长陈森这些年对教育深厚的情怀，对工作的兢兢业业，对学校发展的用心，对自己学习提升的自我加压，对老师的关爱有加，说到他在交流的另一所学校适应得很快，和老师们彼此信任的关系迅速建立，学校新面貌的呈现。当然也说到他为了推进工作时的心急火燎，还说到他独特的工作方法和艺术，更说到了他的心地善良……

我想到了他从城区学校干部到农村小规模学校任校长的情形；想到了多次到他所在的学校实地调研；想到了他后来回到滕王阁小学，对学校办学以及发展提出的高标准、高要求。

现在我虽然没在任上了，但是看到过去认识的一些校长成长了，进步了，优秀了，被大家接受和认可了，打心眼里感到高兴，特别是想到这些校长受自己的影响，能够从他们身上看到自己的一点风格和影子，那更是一种莫名的欣慰。

我为此对蔡校长及他的班子成员说："人在某一个职位上其实不重要，重要的是某一天离开这个职位，能留下一些什么，能不能让大家有一种挥之不去的念想，能不能有些许温馨而又美好的回味，这或许就是一个人的价值所在，这个人在这个职位上的意义之所在。"

教育能够感染人，美好而幸福的教育更能够浸润人，教育路上相遇好校长能够成就人、塑造人。在滕王阁小学，我看到王玉萍、何英、田小娜、张梅这些女老师，比之前更有魅力和气质，看到王壹、何平等男教师比以往更具有活力和精气神。这一方面是他们倾情投入教育，教育带给他们的修为与修炼。另一方面是陈森、蔡均林这样的一前一后的好校长对他们的示范与引领，还有为此所营造的和谐的环境氛围、浓郁的文化芬芳、良好的人际关系，对他们的影响和熏陶。

阆中滕王阁小学紧邻古城北、嘉陵江边玉台山上的滕王阁，故由此而冠名。阆中滕王阁和南昌滕王阁，都系唐高祖李渊第二十二子滕王李元婴所建造，于是我想起唐朝王勃所作《滕王阁序》中的"落霞与孤鹜齐飞"，祝福滕王阁小学，愿滕王阁小学与美好幸福齐飞！

为了点燃和苏醒每一颗太阳

——在这里有这样一群支教老师

绿之叶公益机构成立于2012年，一直扎根在大凉山做义务教育支教，现有近40名支教教师，已服务了大凉山儿童近千名。目前绿之叶公益机构承担了8所村小的支教。

绿之叶公益机构认为"朴素的教育"很适合他们所支教的学校，准备在支教学校尝试朴素的教育。我于是受邀去支教学校看看，为此有了第一次走进四川凉山彝族自治州美姑县的契机，也有了见证一群支教教师学习生活的机会。

▍把真情写在大凉山彝区

我们用了三天时间，跑了美姑的斯立坪小学、日哈小学、且尔小学、瓦拖小学，这些都是小规模学校，学生很少，只有几十个学生。

这些村小，道路崎岖，地理位置偏远，我们去且尔小学，早上八点多从美姑县城出发，两个半小时的行程，汽车全是贴着悬崖峭壁行驶，走的全是"一线天"山路，地段十分险峻，我们坐在车上都不敢往外看。第二天去瓦拖小学，也是一大早出发，汽车先是在山沟公路上左拐右弯了一个小时，然后便是顺着大山，从山底蜿蜒盘旋了二十多分钟，才到了大半山腰，瓦拖小学就在此处。

这些村小的校舍既紧张又简陋，像瓦拖小学运动场就非常小，只装了一个篮球架，课间活动，只能容纳一部分孩子，另一部分孩子只好在一侧的公路上玩。老师必须在公路上值守，招呼过往车辆，招呼公路上的学生。老师们的办公条件也相当差，住的房间既狭窄又潮湿，生活用具更是简陋。

我们一行人看到这种环境和条件，心里很不是滋味。然而来自全国各地的一群支教教师却抛弃原有的生活，甚至放弃原先优越的工作，从四面八方来到大凉山彝区，向孩子们传输知识，为孩子们带来大山以外的世界，为孩子们成人成才，奉献自己的才智，为孩子们今后能够走出大山播撒希望的种子。

在这一群支教教师中，年龄最大的是日哈小学的龙梅，龙梅老师已56岁，是上海的大学教师，去年刚退休，她说她的梦想就是今生能够有机会站在小学的讲台上，当一回小学老师。去年在网上看到招募支教教师信息，便毅然报名，按招募条件，年龄不超过55岁，她说她很欣慰，赶上了末班车，圆了她的梦。

年龄最小的应该是瓦托小学的裴燕和日哈小学的李维茜。裴燕老师来自河南信阳，大学毕业后参加了大学生西部计划，被安排在新疆喀什，后来她觉得做老师好，便放弃了大学生西部计划，2018年就来到这里支教，一年后因生病回家治疗，康复后这一学期又回到这里来继续支教。来自黑龙江牡丹江的李维茜老师，1999年最后一天出生，差不多算是"00后"了，她说她大学学的是导游专业，但很喜欢老师这个职业，想在这里一边支教，一边历练自己，到时候能够成为一名正式教师。

瓦拖小学校长薛瑶，来自陕西省宝鸡市，他曾经在国有企业工作了5年，后来觉得做教师适合自己，便期盼做一名教师。当他了解到大凉山彝区需要更多的教师去改变那里的教育时，便毅然辞掉国企工作，来到这里，开启了支教生活。

甘起迪是重庆市区人，家庭条件好，在来之前，依托家族企业一直在做教学设备的销售，年纪轻轻便淘到了人生第一桶金，他觉得人应该学会感恩，应该懂得反哺社会，于是放弃经商，到瓦拖小学当起了支教教师。

来自青岛的王宛宛，在青岛做培训，已经拓展出了稳定的培训市场，而且收入可观，出于对乡村教育的热爱，她把培训机构交给他人打理，之后便打点行囊，从千里之外来到且尔小学做支教。

这些老师，他们不负韶华，不负自己，以一种勇气和豪迈，带着一种情怀，长途跋涉，不畏艰辛，走进西部，走进大山，走近孩子们，选择在祖国最需要的地方挥洒自己的人生。

把真教育做在厚实的大地

教育需要用心，教育也呼唤真教育。大凉山彝区的这群支教教师，他们远离了喧嚣，在这块贫瘠而又厚实的土地上，静下心来，全心投入，用心做教育，做真教育，让大凉山的乡村学校有了改变，给大凉山乡村、大凉山的乡村孩子及家庭，带去了希望。我们在这里惊奇地看到了教育应有的样子，看到了乡村教育的美好。

一进瓦拖小学，课间玩耍的孩子们一见着我们，不管是幼儿园的小朋友，还是这里的小学生，都带着微笑，问候我们"老师好"，同行的老师们都一个劲地夸赞这里的孩子好有礼貌。

随后我们在学校低矮的墙壁上看到"校规"：进校就讲普通话，微笑点头随身挂；做个文明小标兵，见面就说老师好；瓜果纸屑不落地，干净卫生靠大家；五洗计划要搞好，准时上学不迟到；爱护校舍和公物，不在墙上涂改画；体贴长辈和兄妹，同学之间不打架。

这个"校规"，立足孩子们的身边事，用一个好孩子的基本标准做要求，没有高大上的语言，不是生硬的条款，也不是冰冷的金科玉律，朴实、简洁、接地气。我反复咀嚼了几遍，感觉亲切、有温度、有味道。这是学校支教老师为了"立德树人"的"创造"。

为了丰富孩子们的学习生活，瓦拖小学组建了学生篮球队，成立了合唱团，还开设了棋类、绘画、剪纸、阅读等兴趣小组。校长薛瑶告诉我，他们的篮球队虽然只能用一块篮板进行训练，但在联赛中获得了冠军。

日哈小学校长雷宇告诉我，在他们学校，老师除了在课堂给孩子们传授知识外，还和孩子们一起开垦劳动实践基地，一起创设校园文化（他们在陈旧的门上做出的门文化，让我眼前一亮，让整个校园都充满生机），一起组织孩子们参加社团活动，在周末的时候，他们陪着孩子们一起玩耍，一起爬山，一起游戏……

且尔小学重视品格教育，校长董文鑫带领几位支教教师进行了很多探索，他们通过设立小主人岗，建立了品格超市、学生干部工作牌、校园成长记录，引导孩子自主学习、自主管理，帮助孩子们养成了良好的行为习惯和学习习惯。

中午，中心校用车子送来饭菜，汽车喇叭一响，孩子们自觉抬饭、分饭，排着队依次打饭，高年级同学照顾着低年级同学，互为关照，秩序井然。吃完饭后，孩子们自觉收拾餐具，自觉打扫清洁卫生，不用老师安排。这样的温馨场景，也许很多学校都难以做到。

不仅如此，且尔小学还和老师一道营建校园文化、班级文化，通过开设艺术课程，播放名曲、欣赏名画、学习书法，让孩子们学会了认识美、欣赏美和创造美；通过组建小记者站和校园广播站，让孩子们从采访、写稿到播音，全程参与，培养了他们汉语表达的能力；通过开辟红领巾种植园，让孩子们参与劳动实践，让孩子们每天观察植物生长，每天填写植物生长记录，让孩子们从中学到了劳动知识，也热爱上了劳动；通过开设孩子们喜欢的体验活动（牛轧糖体验、扎染体验、黏土体验、泥塑体验、手工粽体验等），让孩子们在积极参加中，拓展兴趣爱好、培养动手能力。

在大课间活动，孩子们手拉着手，跳着欢快的彝族达体舞，边唱边跳，载歌载舞，尽情享受着属于他们的幸福时光。在课余，孩子们在操场上跳皮筋、捉迷藏、嬉戏打闹，欢呼雀跃，笑声与快乐荡漾在大凉山深处，给彝家乡村也带去了勃勃生机。

这种真教育，不是一味地灌输知识，也不是一味地拼分数，而是寓教于乐，寓教于活动中，寓教于尽情的玩耍中，让每一个孩子都享受到了童年的快乐，都变得阳光自信，活泼开朗，都喜欢上了学校和学习。

把真爱播撒在孩子心田

这一群支教老师，不仅用心做教育，还用真爱对待孩子，他们喜欢这里的孩子，把每一个孩子都当成了自己的孩子。这里的孩子也喜欢这些支教老师，也特别依恋这些支教老师。在课余，孩子们或簇拥着老师，或依偎着老师，或牵着老师的手，向老师撒娇，给老师说悄悄话。在这里，我看到了很少见的纯朴而又美好的师生关系。

中午，我们用过支教老师给我们做的丰盛午餐，准备到附近的村委会去看看。这个村被合并后村委会的办公房空着，因学校校舍满足不了需要，正准备想办法搬过去。王窕窕老师陪我们去，我们给孩子们说，王老师要走了，这些孩子蜂拥而至，硬是拽着、拖着王老师，不让王老师出校门。直到我们告诉孩子王老师要出去办点事，孩子们才松开手。

我们去看村委会，一个叫呷曲的男孩一直陪着我们，到了村委会，他看见门锁着，"嗖"的一声，像猴儿一样爬上了几米高的大门，为我们开门。回去的路上，他留我们，让我们不要走，说到山上去给我们摘果子吃。我们觉得这里的孩子好可爱，好纯真，好重情感，让我们一行特别感动。

王老师告诉我们，这个孩子读三年级，父母离异。他成绩很差，但是善良仗义，喜欢客人，尊敬老师，身体也很结实。我当时在感慨，如果这里做的不是真教育，如若仅用分数这把尺子去评判，则早已把呷曲丈量成了差生，或者呷曲早已因厌学逃出了校门。

如果这里没有老师对孩子的爱、对孩子的信任、对孩子的尊重，像呷曲这样的孩子，怎么会有这么乐观的心态，怎么会有对老师这样的情感。

我以为，在这种教育、这种情感下成长的孩子，哪怕他今后上不了大学，上不了名校，学校教育给他的那些比分数更重要的东西，也会陪伴他的一生，他绝对会拥有一个快乐而幸福的人生。

把无悔铸就成热血和誓言

在美姑的几天时间里，始终让我困惑的是，这里条件这么差，环境这么恶劣，他们除了寒暑假可以走出大山看看外面的世界、可以回家和家人团聚团聚外，其余时间都走不出大山。自己做饭，自己洗衣，买菜要到十几公里之外的场镇，没有车辆，徒步走路，还要翻山越岭，一个来回要四五个多小时，而且待遇又这么低，为什么他们要选择到这里支教呢？

带着这个困惑我同支教教师做了一些交流。来自四川宜宾的张雨说，过去他在一家著名培训机构工作，论待遇是现在的好多倍，但是相对于之前做培训让孩子拼命地刷题，她感觉现在这种状态更好，老师站在讲台上和孩子一起成长的感觉真好。

薛瑶告诉我，现在除用一点生活费，没有其他开支，这个待遇足够开销了。能够为社会做点贡献，能够和孩子们在一起，过一种幸福的教育生活，感觉值，待遇高一点，低一点，其实都无所谓。

裴燕对我讲，通过支教，她明白了老师对孩子的影响，那种影响太重要了。在这里，尽管挣不了钱，但是与孩子们结下了深厚的感情，彼此都离不开。这种经历对她改变很大，她通过支教，现在已有了很强的学习力和适应力。

甘起迪对我憨然一笑，说支教的时光是一种全新的人生体验，累并快乐着，苦并幸福着，这是用金钱买不到的。

斯立坪小学校长王星，来自四川古蔺，大学毕业后被招聘到企业，工作两年后，向往做一个老师，便选择了支教。当我问到待遇这么低，为什么要选择支教时，他呵呵一笑，对我说，在待遇之外，还有一种意义。他想追求一种意义，做自己喜欢做的事情，做能实现自己人生意义的事情。

多么朴素的想法呀，多么崇高的境界啊！是这一群支教教师，用自己无悔的选择，为大凉山注入了教育的活力；以在三尺讲台上熠熠生辉，为祖国铸就成了沸腾的热血和不朽的誓言。

就是这样的一群群支教老师，为我们矗立起了一座座精神的标杆，飘扬起了一面面高尚的大旗，有了这样的标杆和大旗，相信每一颗太阳都会点燃，都会苏醒！

初夏泸州教育行

四川合江县教育局局长李淋春给我打电话,告诉我合江通过推进课堂改革让孩子生命成长方式、教师工作状态以及区域教育的样态,发生了根本变化,期待我有机会到合江,他陪我看看合江的课堂、合江的学校以及合江的教育,后因疫情一直没有成行。

后来合江的文桥小学成为四川省陶行知研究会实验学校,四川省陶行知研究会常务副会长席晓燕参加挂牌仪式,李局长告诉我这一信息,然后邀请我抽时间到合江来看看。于是有了后面的合江之行。

5月13日上午一早我们驱车从阆中出发,中午12点多到了合江,简单午餐后,我们便去了合江县大桥镇的旭照小学。

校长曾友恒是2019年广州华联第二期乡村教师高级研修班学员,随后我一直关注这所学校的发展,这次到合江,旭照小学是我走进的第一所学校。这所学校有学生580多人,其附属幼儿园有孩子120多人。学校绿树成荫,环境优美,视线开阔。

在校园外,是成片的劳动实践基地,这里瓜果飘香,作物长势喜人。我们去的时候,从农村聘请的劳动课教师正在实践基地教孩子们栽红薯,孩子们一个个弯着腰,像模像样地把苕藤一苗一苗地栽插在湿润的泥土里。

才下课堂,又进农场,孩子们播种着希望,守护着成长,期待着收获。从一片荒芜,到生命的萌发;从种子破土而出,到四季如画;从花儿引蝶,到丰收在望，劳动实践基地成了孩子们最心爱、最喜欢的地方。

由校外农场进入校园，映入眼帘的是活跃在操场上的学校轮滑冰球队，只见孩子们身姿矫健，动作娴熟，轮滑鞋在不是冰面的地面上划出了一道道优美的弧线。小小的冰球，承载了乡村孩子们的希望与梦想。

校长曾友恒给我们介绍，自从学校开设了轮滑冰球社团后，这项运动便风靡旭照小学。无论是体育课，还是课间休息，乃至放学回家，孩子们总会溜起来、炫起来，甚至有的家长深受孩子的影响，也陪着孩子参与其中、乐在其中。

我们在这里见证了一项运动为乡村学校与乡村孩子带来的莫大改变。

随后在旭照小学，我们见到了专为孩子们搭建的各种舞台、平台、展演台，孩子们可以根据自身情况，在这里或唱歌，或跳舞，或游戏，或趣味篮球，整个笑园荡漾着歌声和笑声。"双减"下乡村教育如何破解课后服务，旭照小学应该提供了鲜活的样本。

我们在旭照小学，一路所感受到的是，这里的乡村风景秀丽，生机盎然，人丁兴旺，令人陶醉。我以为，只有乡村教育的振兴，才有乡村的真正振兴，在这里，这句话得到了生动而真切的诠释。

对于旭照小学下一步怎样提升品位，怎样办出孩子们更喜欢的学校，我提出了三个"建"议：文化氛围上的构建；书香校园的营建；校本课程的创建。

随后我们来到合江县文桥小学，这是一所城郊接合部学校，有学生300多人。合江县教育发展研究中心的办公地点就在文桥小学，发展研究中心副主任胡小龙兼任文桥小学校长。

胡校长为我们介绍学校的情况后，让我们为学校的办学把把脉。在我看来，从长远架构来看，文桥小学不能仅局限于"文桥"，而应着眼于合江县教育发展研究中心附属学校这一特殊"身份"，眼界要开，视野要阔，理念要新，机制要活，通过铸就学校品牌，积淀学校特色，让文桥小学成为合江的一张优质教育名片，做好示范，领跑全县。

晚上与合江教育局局长李淋春聊教育。李局长向我们介绍了合江一年多来课堂改革的推进情况，他讲到自己带头关注课堂，走进课堂，与校长、教师一起听课、评课、磨课；通过走出去，请进来，开设大讲堂，现身说法，不断转变教师的教育思想和课堂观念；采取教师素养检测，定向定员培训，阅读活动开展，努力提升教师构建有效课堂的能力；同时跟进目标考核，导课督课视课，完善评价机制，变课改被动为主动等措施，充分调动全体教师参与课堂改革的积极性和创造性。

在当下，李淋春局长能够亲自抓课堂，能够牵住课堂这一"牛鼻子"，能够由抓课堂实现"双减"下的减负提质，实现区域教育生态的改变和教育的高质量发展，实属难得。这既体现了他深厚的教育情怀，又彰显了他对区域教育发展的责任与良知、担当与智慧。我想，这样的教育局局长多了，中国的基础教育就有了无限的希望。

第二天一大早，我们来到合江县人民学校，这是一所有四千多名学生的县城学校。三年前，为筹备年会，我到过这所学校，当时陈友清由合江县教育局办公室主任上挂省教育厅后，刚从省教育厅结束上挂回合江担任校长。

我记得，为了学校今后的发展，当时我们做了许多碰撞与交流，在一些切入点上有很多相似的看法。这之后，陈校长带领一班人，从环境的改造，校园文化的创设，书香校园的营建，传统课堂的变革几个方面入手，让学校在不到三年的时间里，发生了深刻变化。

徜徉校园，树木葱茏，绿意盎然，美景尽收眼底。

廊道、大厅、楼梯拐角，随处都是大大小小的书架和长桌长凳，书能够与师生随时相遇，浓郁的书香在校园里弥漫。课余时间，孩子们三三两两围坐一起，捧起书来静静阅读，有时也会相互交流。

与书香相映成趣、相得益彰的是这个校园博大厚重的文化。一亭一台、一墙一壁、一草一木、一石一树，都是文化的承载与表达，这种校园文化，无时无刻不浸润影响着校园里的每一个人。

这样一个园林化、生态化、人文化的校园,既融入了陈校长对学校文化的美好向往,也融入了他对美好学校和美好教育的期待。

看完了合江县人民小学,上午9点30分,在人民小学学术报告厅为合江县校长做《"双减"背景下的课堂改进》的报告。

在合江,已经为全县的校长做过三次报告,这次报告配合合江正在推进的课堂教育学改革,我从"双减"让教育回归;"双减"呼唤有效课堂;"双减"下有效课堂的样态;以壮士断腕之勇,变革传统课堂;多管齐下,全方位生存有效课堂五个方面同校长们进行了交流。报告会结束,在互动环节,我回答了合江临港小学汪礼维等校长的提问。

当天下午,我们来到位于合江县尧坝古镇的四川省中小学红色教育研学实践基地——长江大学堂。长江大学堂我虽去过多次,但是每去一次,围绕研学旅,都有变化、创新与提升。

这次除增加了很多红色文化元素的体验项目,知远文化董事长周维枰还带我去看了即将启动的"耕读传家"研学项目。该项目将利用尧坝古镇的游客中心和流转的三百多亩土地,分别打造"耕""读""传""家"四个主题的研学旅基地,到时候将为研学旅赋予更多的元素和内涵。

离开长江大学堂,我们去了法王寺镇中心小学,蔡校长带我们参观了校园,又观看了全校学生的腰鼓舞表演。尽管天气有点炎热,但是几百个"鼓娃",肩挎红绿绸带,腰拴红腰鼓,伴随着优美的旋律,踏着欢快的节奏,拿起小鼓棒,敲打着腰鼓。鲜艳的绸子在空中飘舞,一张张灿烂的笑脸在校园里纵情绽放。

之后我们去了合江县九支镇的富华小学,这是一所有900多名学生的完全小学,校长夏廷熙给我们介绍,学校由前几年赤水河畔搬迁而至,是一所新建学校。我们去的时候,正值课后服务时间,全校学生正在按兴趣参加绘画、书法、跳棋、乒乓球、花样篮球、花样跳绳、葫芦丝演奏等各种文体活动,丰富多彩,校园里一派生机盎然。

学校虽然没有流转到土地，但是依托四周围墙而开发的微型劳动实验园地，既让学校有了生活教育、劳动教育的阵地，也给乡村教育带去了一种独特的乡村味道。

第三天上午，我们从合江驱车来到泸州国家高新区小学，这是一所书香浓郁，活动精彩，孩子灵性灵动，教师神采飞扬的学校。

没想到的是，仅仅两年前，家长们还都不愿意把孩子送到这所定位于城郊接合部的学校里来。甚至有家长因孩子上不了其他学校，而不得不上这所学校时，竟集体问政市政府。刘列平校长有思想、有情怀、有激情，受命于此时，他带领老师们以书香校园的营建、校园文化的营造、全员阅读的推动、丰富多彩活动的开展、校本课程体系的架构为突破口，带来了办学的全新格局和面貌，师生过上了一种快乐而幸福的教育生活。学校的社会认可度和美誉度大大提升，学生人数也由两年前的 1300 多人增加到现在的 1700 多人。

刘校长陪我们在校园里参观学习，老师们笑脸相迎，孩子们开朗，见到我们都齐声问候。

我们随意来到一间教室，课间休息的孩子们像快乐的鸟儿，一拥而上，把我团团围住，和我比高矮，"我快与老师齐肩啦""我齐老师腰杆了""老师怎么长这么高""老师我什么时候才长您这么高"……

当时，我既激动，又感慨于教育的力量、教育对孩子的影响、教育对孩子生命成长的重要性，更惊叹于有什么样的校长，不仅会有什么样的学校、什么样的教育，更会有什么样的孩子。

而对学校，我也提出了五个"让"的希望。一是让"尊重差异，融合发展，让每一朵花儿精彩绽放"的办学理念能够落实在每一个细节上。二是让芬芳四溢的书香能够飘逸在校园的每一个角落里。三是让无处不在的文化能够浸润校园里的每一个生命。四是让校园中的"两个平台"能够成为师生放松心灵、生命成长的高地。五是让系统的课程研发与整合，能够助力"双减"，助推课堂教学改革，助力教育高质量发展和学校品位的提升。

在泸州，我们还见到了泸州高中附属学校校长周健。周健作为四川名校长，去年暑假从泸州师范附小城西校区调任。周校长刚调任不久，我就去了他的新学校，给老师们做了讲座。对于泸州高中附属学校今后的发展与定位，我也同周校长进行了交流与探讨。

三天多的行程满满，也收获满满。泸州教育给我留下了深刻的印象，犹如泸州老窖一样，绵柔甘洌，芳香秀雅，馥郁悠远，荡气回肠！

遵道学校，川西平原的一颗明珠

又到四川绵竹市遵道学校，这是我教育行走新春开启的第一站。

第一次去这所学校，是在2019年3月。当天正值初春，阳光明媚，新枝绽绿，一派春光美景。我们在时任绵竹教育局局长彭波陪同下，来到遵道学校。学校坐落在鹿堂山下，玉妃泉旁，青山碧水，鸟语花香，美丽的校园似乎被蓝天白云宠溺在如仙之境。

站在校门口迎接我们的是校长俞华平。俞校长四十开外，浓眉大眼，抖擞精神，洪钟一样的声音，走起路来自然带风，让我们感受到了新时代年轻校长应有的气质与风采。

在我看来，一个校长的精气神以及拥有的热情和激情，太重要了，他决定着一所学校的面貌与师生的状态。俞校长所散发的教育热情与激情，具有很强的感召力，其本身就是一种很好的教育。

俞校长给我们介绍，遵道学校历史悠久，1919年由绵竹乡贤谢尊先生创办。经过一个多世纪的沧桑砥砺，遵道学校不断发展壮大，积淀了优秀的教育传统和深厚的文化底蕴。2008年汶川大地震，让学校遭受重创，校舍严重损毁。在万科集团的帮扶下，仅仅半年时间，崭新的遵道学校便建成投入使用了。俞校长讲，学校建筑采用了全球领先的减震技术，设置减震垫，墙体为轻钢墙体，课桌椅为先进的避难课桌椅，地下管道全为柔性管道。学校抗震设防烈度为9级——比国家规定的抗震烈度还要高1级，被誉为最抗震的学校。我们一行人都深为万科的慈善之举、家国情怀所感动。

一晃四年过去了。再次来到遵道学校，像四年前一样，俞校长早早地便等在了校门口。眼前的俞校长，除了热情不减，激情仍然澎湃昂扬之外，也在眉宇间刻下了些许沧桑，在面庞里留下了时光的印记。

遵道学校以"遵道而行，博学万科"作为校训。"道"是规律，是方法，是道理，是取向，"遵道而行"就是要遵循教育发展、学生成长规律，捍卫教育良知，牢记教书育人使命，教会学生学习的本领，给他们一生有用的东西，为他们的未来幸福人生奠基。"博学万科"的"博"，是希望师生能够博大胸襟、博古通今、博采众长、博学多才。校训巧妙地嵌入了"万科"，既告知世人永远不忘万科援建情，提醒师生永远拥有一颗感恩心，以勤奋工作和刻苦学习相回报，又希望学生不拘一格、个性发展、全面发展，而且在校训中还隐藏地名"遵道"，时刻告诫学生热爱家乡，长大后建设家乡、奉献家乡，可谓精妙绝伦。校训由中国工程院院士、原副院长杜祥琬应邀为遵道学校做报告时所题。

教学楼一楼大厅，是师生休闲的地方。在大厅正中央，置放着一个古色古香的壁照，中间书写着陶行知"爱满天下"几个大字，两侧各装一面镜子，让师生随时可以"正衣冠"，壁照左右两根柱子上悬挂的是楹联"千学万学学做真人，千教万教教人求真"，大厅四周用师生的绘画、书法、剪纸作品点缀，顶部则悬挂着孩子们手工制作的千纸鹤、红飘带、小灯笼，横梁上还有世界各国的国旗。师生在这里，耳濡目染，浸润其中，更可以愉悦身心，放松心情，放眼世界。

教学楼的楼道，也被赋予了鲜活的文化。

而每一间教室，不仅干净整洁，清爽明亮，还有着各自不同风格的教室文化。图书柜、植物角、公示栏、评比窗、竞赛台、笑脸树、疏散示意图，还有每个班级的班歌、班训、班旗、班级公约、班级誓言、班级节庆，这一切有机融合，相映成趣。

教室的外墙，则是整齐划一的文化墙壁。或推出孩子习作，或张贴孩子书画作品，或展览孩子手抄报，或陈列孩子手工制作，被文化雕饰的墙壁，充满了生机与灵动。

在遵道小学，不仅教学楼文化氛围浓郁，食堂、宿舍、运动场等场所也都弥漫着文化。可以说，学校的一景一观、一楼一道、一墙一壁、一草一木，都被烙上了文化的符号，注入了文化的基因，让我在这里感受到了校园文化的独特魅力。

这里不仅仅是文化的校园，还是书香的校园。除了藏书甚丰的图书室，教师咖啡书吧，分楼层而设置的开放式的学生温馨书屋，每个班级的图书角，还有在走廊墙面设置的书壁、书架，在楼道拐角处建设的楼道书橱。这些书吧、书屋、书角，乃至书壁、书架、书橱上都摆满了书，校园差不多都被书占领。

书在遵道小学成了最好的资源，书能够与师生随时随地相遇。漫步于校园，随处可见师生就地而读的身影，这成了校园最美的一道风景。

作为一所乡村学校，遵道学校为了激发孩子个性，彰显每个孩子天赋，让每个孩子都爱上学校和学习，创设了门类齐全、丰富多彩的社团，诸如剪纸、年画、烙画、滚铁环、跳绳、阅读、书法、绘画、舞蹈、棋技、茶艺、足球、篮球、环保、创客等，涵盖了民间艺术、传统文化、文学体艺、人工智能等多个领域。

学校剪纸社团曾两次参加德阳市中小学生艺术工作坊展示活动，在国家、省市各级各类比赛中都取得了好成绩。创客空间以培养学生编程和机器人创作能力为主，社团成员曾参加多项比赛，获省级、市级多个奖项。作为最先开展"零废弃校园"建设的学校，遵道小学通过开展垃圾分类活动周、光盘行动、兴趣小组、志愿行动等环保活动，实现了教室、办公室、食堂全方位垃圾分类，实现了可回收——厨余堆肥——种植园链条化管理。

俞校长对我说，学校这些社团活动与课后服务有机结合，相生相融，助推了"双减"的落实落地。

之后，俞校长带我参观了学校的劳动实践基地。基地紧靠外操场，通过通透式围墙与学校连在一起，成为一个整体。一厢厢菜园，长势喜人；一畦畦花圃，争奇斗艳。孩子们分班劳作，翻地碎土，播种栽培，施肥浇水，捉虫锄草，采摘收割，开展劳动对歌、劳动竞赛、劳动创作，既挥汗如雨，又荡漾欢声笑语。

我从事区域教育管理十多年，大凡到学校去，遇到吃饭点，一直都与师生共餐，师生吃什么，我就吃什么。这既简便节约，节省时间，又可以体验师生生活，更重要的是，还可以考察校长的管理。我认为，一个校长如果连食堂和厕所都管理不好，还能够管理好整个学校吗？俞校长于是带我去了食堂。取上一个自主餐盘，舀上一勺蒸南瓜、粉蒸排骨、芹菜豆腐干炒肉丝、萝卜肉片汤，吃得真是特别舒爽。一日三餐，这也是师生幸福生活的一个侧面和反映。

午饭后，和老师们交流座谈，老师们围绕读书活动、专业成长、职业幸福、学校发展、教育理想、新学期愿望等方面畅所欲言，言谈神色中无不流露出身为遵道小学一员的自信。

大半天的所见所闻，特别是看到一个个活蹦乱跳、荡漾着幸福的孩子，一位位充满着职业尊严、享受着职业幸福的老师，心生羡慕。

临近傍晚，离开遵道学校时，川西平原回荡着孩子们参加社团活动的欢快笑声，这，为美丽的乡村添上了生机与活力。

教育改变的力量

——四到合江县人民小学

泸州市委党校，在由我主持的泸州市中小学领航校长第一期高级研修班"校长论坛"上，校长们围绕"把读书活动作为一件大事来抓"这个主题，从"阅读的意义与价值""怎样建设书香校园""如何把读书这一大事抓好"三个方面，谈认识与理解，做法与感受，打算与谋划。大家踊跃参与，积极发言，现场氛围精彩而热烈。

合江县人民小学校长陈友清在交流中谈到他们学校两个校区，有六千多名学生，在书香校园建设中，他们把图书室里的十二万多册图书全部搬了出来，通过在校园里、楼道处建开放式书柜、书橱、书架，让书全部漂流了起来，书籍能够随时随地与师生相遇，书成了校园里最方便的资源。

当时我听到特别诧异，因为我对合江县人民小学再熟悉不过。2018 年陈友清刚从省教育厅上挂回来，被任命为人民小学的校长，我便去了这所学校，那是我第一次去。当时给我的感觉是，一所创办于 1904 年的百年老校，的确"名副其实"，除了年代感，还有就是沧桑感，很难感受到一所现代学校的文化气息和书香氛围。

第二次去人民小学，是在 2019 年的 9 月 5 日，当时正在筹办在合江召开的中国陶行知研究会农村教育专委会年会，并向全国推荐合江"甜美而无痕的乡村教育"。一年多时间，陈友清带领团队，从改变环境和营造校园文化入手，让学校面貌发生了一些变化。

校园通过调整功能区域，布局更为合理了，竹园、梅园、桂园、菜园给校园增添了些许盎然；围墙、运动场、楼道也因点缀上了师生的书画作品，而有了文化的元素和味道；几面污秽和破旧的石壁简单处理后，挂着一排排学生们用碗盆、陶罐、雪碧瓶子种植的各种花草、蔬菜等植物，简陋的石壁一下子有了生命的气息。我们一行人为之眼前一亮。

我当时给陈友清校长说，有梦想就有希望，有付出就有收获。只要方向对头了，就不怕路途的遥远。

2022年6月14日，应合江教育局局长李淋春之邀，在合江县人民小学学术报告厅为合江县校长做《"双减"背景下的课堂改进》的报告。报告被安排在上午9:30。一大早我们便来到合江小学，这是我第三次到这所学校。

士别三日，当刮目相看。陈友清带领我们漫步校园，我们一边感受校园的树木葱茏，苍翠欲滴，一边欣赏四处弥漫的校园文化。在欣喜中我们来到大厅，看到几根粗壮的水泥柱子通过精心设计，做成了精美的书橱，里面密密麻麻放满了书，顿时让我感受到了书香。

当时我看到这些精美书橱所对的墙壁，却空空如也，徒有一壁，还有楼道的拐角处也有很大的利用空间，就大胆给陈校长建议，能不能消灭图书室，在这些地方都建成开放式书架、书橱，把图书室里的书都"请"出来呢？在我看来，书是在阅读中才有意义，与其让这些书在图书室里放烂，不如让孩子们翻烂；与其让书在图书室里睡大觉，不如被孩子们拿走。陈校长表示很认同。

这次，陈友清校长在论坛上的一番介绍，勾起了我的兴趣，论坛结束后，我们一行人又一次来到了合江县人民小学。

一进校园，正是课后服务时间。在宽阔的操场上，参加体育活动的孩子们，像一只只快乐的鸟儿活跃在运动场上，或打球，或跑步，或跳远，或练习队列，他们眼神灵动，指导老师和孩子们活动在一起，精神抖擞，情绪饱满。孩子们见着我们,大大方方叫"老师好",显得特别自信。老师们哪怕是远远的,也给我们微笑点头示意。

如我在前文所说,看一所学校的教育生态,其实只需看看"两神",即孩子的眼神,老师的精神,就略知一二了。还有一点,那就是在校门口一站望,或在校园里走上一圈,能够让你"眼睛一敞亮,内心一震撼,灵魂一升腾",这样的学校一定是好学校,这样的校长一定是在用心做教育。

校园靠围墙的地带,过去是绿化带,说是绿化带,里面其实只有零星的杂草和稀稀拉拉的矮树,现在却完全被改造成了劳动实践用地。一班一厢,分班劳作,"劳动是一切幸福的源泉"等标识,以及绿油油的蔬菜,为校园增添了勃勃生机。

我们穿过桂园、竹园来到教学楼的大厅,每层的厅柱、厅壁,还有楼道拐角处,完全做成了书橱,里面的书琳琅满目,的确如陈校长所说,学校没有图书室了,十二万多册图书全从图书室被"请"了出来!

在每层大厅的一侧,还放着钢琴,在舒缓悠扬、婉转美妙的琴声中,一群群孩子簇拥在书橱前,优雅地看着书。什么是教育最曼妙的风景,我想,此时此刻所看见的,便是我这些年一直期待与幻化的教育最曼妙的风景。

我们还在每层教学楼看到了一个舞台,这是专门为孩子们搭建的,孩子们随时,也包括课后服务时间,可以在这里表演童话剧、课本剧,尽情地展示自己的才艺。

最后我们来到教师的咖啡书屋,面积很大,藏书甚丰,布置得也舒适温馨,这是专供老师心灵放假、精神成长的高地。

我们坐在这里,一边品着茶,一边翻着书,一边感慨万千。陈友清校长向我们介绍说,学校有了书香,有了文化,这便是最好的教育。孩子们懂礼貌,讲文明,有修养,遵章守纪,热爱学习,都养成了良好的习惯。学校对老师从不考勤,早就实现弹性上班了,但是老师们人人爱岗位,爱孩子,爱学校,个个工作守时,兢兢业业,勤勤恳恳。从语气和眼神中,可以看出陈校长充满自豪。

我在想，这就是书香与文化的魅力。

人们常说，有什么样的校长，就有什么样的学校。是的，有一个用心用情做教育的好校长，就一定有一所让师生满意的好学校。在合江县人民小学，我们又一次得到验证！

像韦莉那样做校长

校长要"走下去",除了走进教师中,和教师打成一片,了解他们的情况,倾听他们的呼声,解决他们的困难,以最大的向师亲师,人文关怀,人性关切,激励教师教书育人的积极性和创造性外,还要走进学生中,走进学生的世界,走进学生的心灵,亲近学生,和学生交朋友,知道学生所想所需所盼。

从媒体上看到武汉市汉阳区楚才小学校长韦莉,开设"校长信箱",当校长近两年时间,收到学生来信1600多封,手写回信700多封,累计10万余字。每周五,她还从来信的学生中邀请15人共进午餐、谈心聊天,着实令人感动。

韦莉校长通过给孩子写信的方式"走下去",走近孩子,倾听孩子想法,了解孩子,懂得孩子所需所求,以此希望成为孩子的知心朋友,构建一种好的教育关系。

我以为,此举应该把握了教育的真谛,抓住了教育的根本,极富教育学意义。

大家知道,孩子是教育的对象,教育的主体,更是教育的一切指向和归宿。教育的一切应该是为了孩子,为了孩子的一切,一切为了孩子。

现实中的不少校长,陷于日常杂务,连走进教师的闲暇都没有,哪有时间走近孩子。

韦莉校长却一如既往,坚持给孩子们写信,700多封,10余万字。为什么她能够有那么多时间给孩子写信,为什么她能够把那么多时间留给孩子?

因为她知道孩子是学校的主人，是学校生活中最重要的人，是校长存在的全部意义和价值。因为她明白教育的要义是尊重，尊重孩子，是教育的本质，尊重孩子，是校长的天职，没有尊重，就没有教育。

因为她懂得一个校长对孩子的爱，不能只停留在口头上，而是要落实在具体的行动中；对孩子的教育，不能只是千篇一律，而应做到因材施教，根据不同对象施策，与孩子沟通，要用孩子易于接受的方式和语言。

因为她了解"双减"下，教育主阵地回归到学校，家校共育至关重要，作为校长亲笔给学生写回信，能让父母感到校长是在真心办学校，真情做教育，用真爱待他们的孩子，家长为此会对学校有着一种信任感。

因为她深谙教育需要仪式，仪式承载文化，文化能产生一种认同，韦校长用手写书信，采取"邮递员"送信到班级的传统方式，既是对传统文化的弘扬与致敬，又通过传统文化对孩子的浸润与熏陶，培养、促进和加强孩子对学校的认同，让孩子产生一种共同的归属感、自豪感和荣誉感，从而激发孩子形成高度的自觉性，强大的学习动力。

因为她清楚在这个节奏越来越快的时代，这种"慢"会更显珍贵。韦莉校长用写书信的方式，旨在通过自己对"慢"的坚持，通过一笔一笔写下的书信，与孩子们搭建心灵交流的桥梁。

当下一些校长一直在为"忙"而"忙"，忙得晕头转向，甚至忙得连思考教育的时间都没有，而同为校长的韦莉却有如此多的时间给孩子写书信，我以为，再忙，时间再紧，只要把它当成生命中重要的事情，就总会有时间。阅读如此，韦莉校长给孩子们写书信亦然。

韦莉校长执着于教育，潜心于孩子，心中随时装着孩子。给孩子写信，虽然只是校长工作中很小的一个方面，却能够从这个"小"中反映出她对孩子的爱心、耐心、细心、精心，体现出她工作作风上的严谨踏实，求真务实，彰显出一个教育人应有的担当与使命，素养与情怀。

像韦莉那样做校长，并不是要求所有校长都给孩子写信，因为每个校长有不同的工作方法、不同的做事风格，但是我们期待有更多的校长能够成为像韦莉那样有责任、有温度、有爱心的教育者。

云南官渡有个阆中籍校长

我的书《教育是美好的修行》出版上市不久，我接到一个从云南昆明打来的电话："汤局长，我是宋奎瑞，您曾经的部下，现在在昆明西南大学官渡实验学校担任校长。您的新书《教育是美好的修行》写得很好，我们给每个老师发了一本，现全校三百多位老师正在共读这本书。特别是年轻老师说对他们启发帮助很大。我们准备请您过来看看学校，指导指导，并给老师们做一场讲座。"

宋奎瑞，曾经是阆中东风中学的高中数学教师，由于对工作负责、对学生有耐心，又特别爱学习、肯钻研，加之教学得法，数学课上得特别好、教学效果也很不错，因而深受学生喜爱、同行敬重、领导信任。

也正由于此，一些外地所谓的"名校"早已觊觎良久。2009年，一所学校开了特别优惠的条件，想要挖走他。

当时，东风中学让他担任所谓"特重班"的数学课老师，可以说是在充分的信赖中又寄托了不尽的厚望。

当时东风中学的校长听到宋奎瑞要被挖走了，犹如晴天霹雳。他便心急火燎地来到我办公室对我说："汤局长，宋奎瑞要被挖走了。这个班的好多学生都是冲着他，这样这个班就完了，千万不能放行！"我记得该校长在离开我办公室时还甩下一句："巧妇难为无米之炊，提升质量，除了有好生源，还得有优秀教师做保障！不然，我们校长就没法当了！"

这道理我当然懂！为此，我从 2005 年主政一方区域教育的第二天，就开启了"巩固生源"与"巩固师源"保卫战，明确提出，要像爱护我们的眼睛、呵护我们的生命、守护我们祖国的珍宝岛那样，捍卫我们的每一寸"生源"与"师源"主权。在整个"战役"中，我们不遗余力。

在理解校长难当、办学艰辛的同时，我当然也理解宋奎瑞。作为年轻教师的宋奎瑞，尽管当时学校和教育局再三挽留、再三做工作，在当时他仍执意做出这样的选择，也乃人之常情，我不会用单纯的什么道德去评判和绑架他。

同一时期，还有优秀老师被其他学校人为挖走，也提出了申请，出于一方教育的发展考虑，尽管宋奎瑞多次到办公室找我，也托很多人打招呼，但是我们坚持住了"一个都不放"的原则。

优秀的人始终是优秀的，在哪里都优秀。宋奎瑞后来在新的学校做了校长助理，又当了副校长，后任党委书记兼副校长。

云南昆明西南大学官渡实验学校，这是一所由昆明市官渡区人民政府与西南大学按照"公有联办、体制创新、自主办学"原则创建的一所高标准、示范性、特色化的十二年一贯制非营利性民办学校。由于宋奎瑞优秀的教学业绩与卓越的管理能力，他被引进到该学校做校长。

转眼 14 年了，所有一切，皆成过往。宋奎瑞没有为此纠结、心存芥蒂，想必对当时我们的主张与坚持，他是理解的，或者是由不理解到理解。这同时也显现出了一位优秀校长应有的胸怀与度量。

这一年多，我一直期盼着能到他的学校，但由于疫情原因，一直未能成行。

今年 4 月，宋奎瑞又打来电话相邀。我根据手头的事情，把时间定在了 5 月 15 日。

15 日我从南充飞昆明。到机场接我的是学校总务处主任张明，他一路给我介绍学校的情况，介绍宋奎瑞校长的办学思想与理念、工作思路与谋划、教师的职业尊严与幸福、学校的发展与影响。他知道我来自阆中后，便竖起大拇指："宋校长，是你们阆中人，阆中籍的校长真棒！"

到了昆明西南大学官渡实验学校正校门口，宋奎瑞校长带领班子成员，早已等候在那里。在场的还有在官渡实验学校跟岗学习的贵州省三穗县民族高级中学唐良友校长、西南大学贵阳实验学校林利校长团队、宋奎瑞校长曾经在阆中思依工作的领导和同事何从耀、陈永洪等（听说我要去奎瑞的学校，他们提前一天便去了昆明）。

一见面，宋奎瑞校长便紧紧握着我的手，说："汤局长，好久没见面了！"当时我们都有些激动。随后，他把我介绍给了大家。

尽管当时是下午5点，但在初夏的一场雨后，呈现出的是高原特有的碧空万里、蓝天如洗，在校园里放眼望去，所有的一切好像也被刚刚洗涤过，给人的感觉是那样清新、明亮。校园香樟，枝叶茂密，郁郁葱葱；地面上的植被，沁芳流翠，像铺了一张张绿色地毯，与蓝天遥相呼应。一幢幢棕红色建筑掩映其中，红绿蓝相映，构成了一道独特的风景。

特别是校园四周围墙上的三角梅。一阵微风拂过，栖息在枝头的三角梅，像一只只粉红色的蝴蝶，翩翩起舞。

由远及近，校园正门是一块圆润厚重的艺术石，上面刻写的是学校LOGO及校名"西南大学官渡实验学校"。在其后面是一堵方正的石墙，正面书写校训：启德开智　融会贯通。石墙另一面则镌刻的是大气磅礴的校园赋。

宋奎瑞校长一边陪我们转校园，一边给我们介绍学校情况。学校有小学、初中、高中，在校学生四千多，教职工近四百。开办近四年，一直秉承西南大学"特立西南、学行天下"的教育追求，以"创建适合学生多元发展的教育，让每个学生的内在潜质都能得到充分发挥"为办学理念，以学生"自醒、自励、自信、自强、自成"的"五自"教育为核心，坚持做适合孩子的教育，办孩子们喜欢的学校。通过构建书香校园，培育适合学生多元发展的校园文化、开设丰富多彩的社团活动、研发卓越的课程、发现每个孩子的潜质与特质、尊重每个孩子的秉性与个性、激发每个孩子的兴趣与志趣，为学生的终身学习和多元发展奠基,让每个孩子都得到了主动发展、快乐发展、自信发展、自强发展,让每个生命都精彩、更出彩。

宋校长对我讲,他在阆中工作期间,我的一些教育思想以及办学理念对他影响比较大,特别是校园文化营造、书香校园建设、丰富多彩社团活动的开设架构,让他受益匪浅。

漫步校园,时时处处都是文化。围墙文化、墙壁文化、楼宇文化、运动场文化……别具一格。就连校园内星罗棋布的上百个井盖,都被赋予了文化。这些普通的井盖,一旦烙上了文化的印记,就成了一件件艺术品,就一下变得鲜活灵动,就像镶嵌在地面上的一颗颗宝石。每路过一个井盖,我们都要驻足欣赏,流连忘返。

我们来到学生宿舍,学生们自己动手营建的寝室文化,更是新颖别致,让本来就整洁、干净的寝室,更有了一份典雅、情趣、温馨与赏心悦目。我当时开玩笑说,这样的寝室比五星级宾馆住着还舒服。

教室是学生学习、生活、交际的主要场所,是老师授业、育人的阵地,是师生情感交流的地方。学校的教室文化,简洁明丽,朴素大方。红花台、光荣榜、张贴栏、学习园地,错落有致;在教室前方的图书角,让孩子随时都可以有书可看;点缀在教室里的名画、座右铭、励志标语,在激励孩子中,营造出了良好的学习氛围;窗台上的一盆盆植物,更是呈现出一派蓬勃生机,生命的律动与生长,互为感应,好像彼此都体验到了一种滋滋拔节的美好。

在这里,文化被体现在学校的每一个角落,落实在校园的一墙一壁、一草一木、一楼一道,融汇于教育的每一个细节以及点点滴滴。

在这里,每一面墙壁都在启智,每一个场景都在育人。

在这里,我们见证了文化的魅力、文化对教育的改变、文化对师生面貌的影响浸润、文化对师生精气神的熏陶教化。

在这里,其绚烂的文化,真正达到了苏霍姆林斯基曾经所倡导的:"无论是种植花草树木,还是悬挂图片标语,或是利用墙报,我们都将从审美的高度深入规划，以便挖掘其潜移默化的育人功能，并最终连学校的墙壁也在说话。"

宋校长带我们来到学校的开放式图书馆，这里庄重、宁静、优雅，一排排书架像站立的卫兵，上面整整齐齐地排满了各种书籍。这里有很多很多的书，这里简直是书的天堂、艺术的殿堂、孩子们最好的课堂。师生们可以随时在这里取书阅读，随时在书堆里徜徉，随时在书的世界里接受洗礼。

在这里，书香弥漫，这种书香文化，不仅丰富了校园文化，更使校园文化多彩多姿，深厚甘醇。

小社团，大社会。小活动，大舞台。宋校长说，学校本着对接社会与生活、当下与未来，开设了十多个类型，近一百个社团组织，孩子们可根据自己的个性爱好、兴趣特长选择相应的社团参加。

丰富多彩的社团活动，包括体育社、摄影社、艺术社、文学社、戏剧社、书画社、合唱社、广告社、导游社、棋艺社、科创社、太空社等等，为孩子们搭建了各种成长的舞台，激发了孩子们的天赋潜能，让孩子们在不同领域释放着激情与热爱，成为自己活动与人生的主宰者。

由于时间节点，我们没有亲自看到孩子们在各种社团活动中的风采，但我们来到艺术综合楼，看到琳琅满目、硕果累累的各种社团作品——书画、剪纸、雕塑、手工制作、科技发明……便不得不惊叹于这些社团组织所带来的对孩子能力的挖掘、个性的彰显、自我的发现、生命的唤醒。

宋校长还给我们介绍，学校很注重课程建设。他们依据国家课程，使其校本化，构建了一套分层、分类、综合、特需的，可供学生选择的课程体系；力图通过丰富多样，具有可选择性的课程，调动学生自主发展的主体意识，发现与激发每位孩子的潜能，让每位孩子在自己的优势领域里得以个性化发展。在教学中，他们还尝试"选课走班"的方式，给每位孩子的学习更多的自主空间，让每位孩子拥有自主发展的内驱力。

16号下午，在学校的学术报告厅，我为西南大学官渡实验学校的全体老师做了一场教师职业幸福的讲座。宋奎瑞校长主持，在最后的点评总结环节，他用洪亮的嗓音，掷地有声、动情地说："希望大家在教育中能记住八个回归，投入其中，沉浸其里，专注其心，发现优秀的自己；体验岁月的静好，感悟教育生活的美好，最终收获源源不断的职业幸福。幸福需要教育，教育需要幸福，也需要幸福的教师。教育是一场美丽的邂逅，让我们跟随汤勇局长的脚步，学会做幸福教师；厚植教育情怀，在幸福中奋斗，在奋斗中幸福，用幸福源泉为教育赋能。"

在官渡学校的两天多时间里，宋校长还为我们讲述了他在这里如何创业，如何与外界周旋协调，如何构建和谐的家校关系、师生关系、人际关系等故事。我们对他更加心生敬佩与敬重！

我们为有这样优秀的阆中籍校长而自豪，而骄傲。也由衷地祝福宋奎瑞校长，祝福昆明西南大学官渡实验学校！

后记

岁月不居，时间如流水。

从 2017 年初算起，我的教育行走模式开启快七年了。

两千三百多个日日夜夜，差不多都在行走的路上。我通过调研、考察、演讲、会议、参观、指导等形式，走进了大江南北的一百多个教育区域和近千所学校，从祖国边陲到繁华都市，从广袤西部到中原大地，从雪山之巅到高原大漠，从革命老区到贫困山区，足迹遍布 20 多个省份。

一路行走，不是游山玩水、观光赏景，也不是跑马观花、浅尝辄止，而是沉下身子、投入心思，看教育、交流教育、碰撞教育、探讨教育。

在这样的一个过程中，我加深了对教育的理解，发现了教育的美好，沉淀了教育热忱，厚植了教育情怀，对教育更有了一种难以割舍的情谊。

不仅如此，在教育的行走中，我还一边思考教育、研究教育，一边记录教育、写作教育。

于是就有了公众号"汤勇晓语"的近 600 篇原创文字，也就有了《致教育》《教育可以更美好》《教育的第三只眼》《教育是美好的修行》《面向"双减"的教育》等著作的陆续问世。

这本《行走中的教育》，汇集的便是一年多我在教育行走中对教育的发现、思考与记录。

为什么我对教育行走乐此不疲？为什么不敢停下教育行走的脚步？是因

为如果没有"教育行走",就没有发现、没有思考、没有写作的素材,甚至没有写作的灵感。

在这本书即将付梓之时,我要感谢长江文艺出版社、感谢长江文艺出版社社长尹志勇、责任编辑秦文苑。长江文艺出版社已给我出版6本书了,这些书都被当年的《中国教育报》评为全国老师喜爱的100本书,实属不易。他们为之付出了不少心血,也给了我莫大的支持、信任与激励。

我还要感谢全国各地的陶友、朋友、教育同仁,这些年给我提供了源源不断的学习场地、研习阵地、写作素材,让我在教育行走中有了更多的确定,在日常坚持中收获了自己独特的教育人生。

此时此刻,我更要感谢曾经的教育团队,在过往的近12年教育职业生涯中,滋养并成就了一颗教育"心",让我积攒了可以消费一生的教育执着与热情。

行走是美好而令人向往的事,但是只有文字才可以给时间以记忆、给岁月以留痕、给行走以意义。

我以为,书中的每一个标点、文字,不是写出来的,而是"走"出来的。

就用这些"走"出来的文字,给过去以小结,给未来的教育行走以更多的愿望与期许,给未来中国基础教育的美好以更真切的祝福与期待吧!

2023年9月8日写于阆苑古城